国境なき技師団
スマトラ島から東北へ

―災害復興支援の15年―

濱田政則・小長井一男
清野純史・鈴木智治
三輪　滋・鈴木乃里子

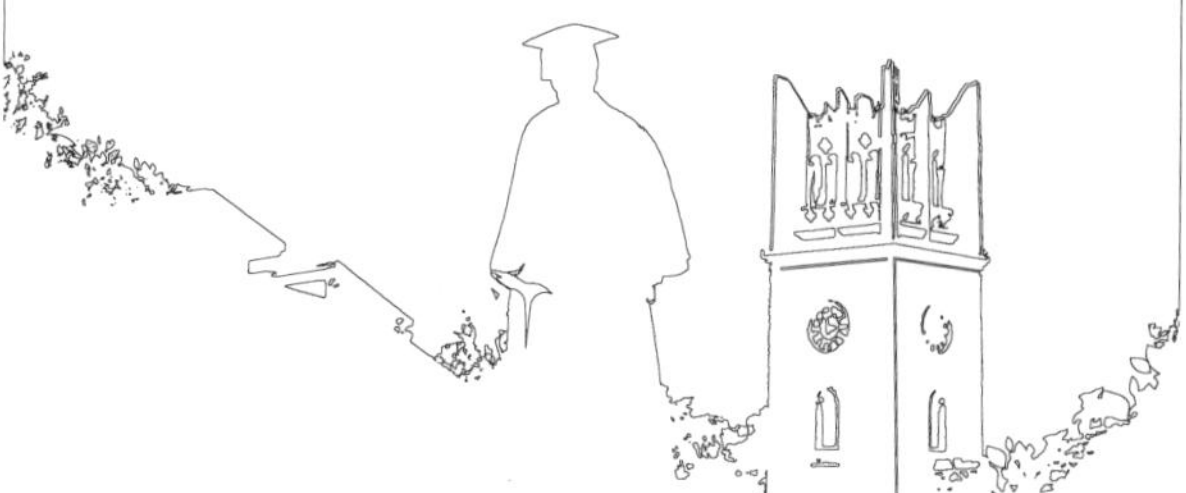

早稲田新書
004

まえがき

「国境なき技師団」理事長　秋山充良

被災者にはならないだろうと考えているM・K君へ

「国境なき技師団」はどんな時も、被災した人々と共にあります。避難することができた喜び、支援物資が届かないことへの怒り、失われた命に対する哀しみ、元通りの生活への期待感からくる楽しみ、それら被災者の喜怒哀楽はいつも私たち「国境なき技師団」と一緒にあります。国境を超えて「人を、町を、国を、災害に強く」を使命とする活動に、私がなぜ深く関わることになったのか、その話から始めましょう。

私は東海地方で生まれ育ちました。子どもの頃から地震防災教育を受けました。東海地震は必ず起きると言われ続けたため、地震への脅威が頭から離れませんでした。地震の脅威を感じなくていい世界はないのだろうか。それが東北大学で土木工学の道に進んだきっかけです。大学卒業を控え、卒論のテーマを鉄道RC橋脚の耐震安全性に絞り、橋脚には十分な耐震安全性があるとの結論を導き出していました。その矢先です。阪神・淡路大震災が起きたのは。1995年1月17日の早朝でした。仙台市のアパートに居た私は揺れを感じませんでした。

卒論を書き始める前、「耐震工学の研究は今の時代に合うのか」と指導教授からくぎを刺されました。前年の1994年1月に米ロサンゼルス市で起きたマグニチュード（Mw）6・7の直下型地震は、日本の教訓にはなりませんでした。「日本で同じことは起きない」と誰もが高をくくっていました。それだけに、私の卒論のテーマもピント外れにしか理解されなかったのです。それでも、阪神・淡路大震災は起き、大きな被害が出ました。すぐに指導教授から呼び出され、計算をすべてやり直し、結論を差し替えるよう指示されました。

私は震えました。土木技術の粋を集めたとされる山陽新幹線が崩壊し、阪神高速道路で橋脚が倒壊したからです。

白状します。

私は自分の信念と研究成果に基づき、橋脚は安全であるとの結論を導いたわけではなかった。橋脚が安全ではないと主張するのは、「日本で同じことは起きないだろう」と考えた土木建築業界の常識や社会情勢に反することになり、勇気が要ります。私には勇気がありませんでした。そのために常識と社会に迎合し、安全であるとの結論が得られる条件下においてのみ計算することで、橋脚の安全性を主張しようとしたわけです。学部生の若気の至りとはいえ、恥ずかしい失敗です。

そして、失敗はいつか、取り返さなければなりません。

恥ずかしい失敗がもう一つあります。２０１１年3月11日の東日本大震災です。私は東北大学の准教授になり、耐震工学を専門としていました。同じ東北大学の工学研究科附属「新災害制御研究センター」の同僚たちから、東北地方の太平洋沿岸が大津波に襲われる危険があると何度も聞かされました。大震災とそれに続く津波が起きるまで、その警告を真剣には受け取ろうとはしませんでした。専門分野の強震動の研究にばかり関心を寄せ、面倒そうなことには目をつむり、専門のタコつぼから出ることを考えなかったのです。津波を受けた構造物にどんな被害が生じるかは、自分の専門ではないと信じきっていました。専門馬鹿だったと言っていいでしょう。

そして、東日本大震災は起きました。専門の橋りょう構造に津波による大被害が生じるのを予見できませんでした。研究者として、あまりにも恥ずかしい失敗です。

土木はそもそも「市民の文明的な暮らしのために、人間らしい環境を整えていく仕事」を指すと言われます。建築や都市計画も同じです。土木技術に関わる研究者として、その精神を忘れていたことに気づきました。さらに私の初心についてもです。地震の脅威を感じなくていい世界を築きたいという初心。これを土木の理念に照らしてみると、地震も津波も台風も豪雨も竜巻も雷も火災も火山噴火も、あらゆる自然災害の脅威から解き放たれる世界はできないのだろうかと考えなければなりません。求められたのは、タコつぼからの脱出です。あらゆる自然災害を総合的に見る「本当の科学・技術」の視点です。

大震災の年、早稲田大学創造理工学部の社会環境工学科教授に就き、2014年6月から「国境なき技師団」の活動を始めました。だから私は団員6年生です。

「国境なき技師団」の国際的なネットワークに、Engineers Without Borders International (EWB-I) があります。各国・地域に存在する「国境なき技師団」の情報交換や協力関係構築を目的にした国際協力NGOで、2002年に創設されました。

私たちの組織発足より3年早く、米国の大学の活動が母体になっています。EWB-I に加わる国・地域の数は65（2020年時点）に上ります。緩やかな連携が特徴で、水資源の確保・管理を含む生活インフラの整備に力を入れています。

私たちは自然災害の被災地支援が中心であるため、EWB-Iには参加していません。土木・建築・都市計画の専門家同士による国際ネットワークがすでに確立されていることも参加しない理由です。

名称が似ているため、よく間違えられるのが「国境なき医師団」です。医師団も国際協力NGOです。高度に組織化され、1971年の設立以来、世界各地に事務局を置き、約4万7000人のスタッフが活動しています。年間活動費の規模は「国境なき医師団日本」だけで1111億円超（2019年度実績）です。私たちの活動費はその1000分の1以下で、雲泥の差があります。

「国境なき医師団」と私たちは、組織力もネットワーク力も活動費の規模も大きく異なります。とはいえ、独立・中立・公平な立場から傷ついた人たちを「国境を超えてサポートする」点は変わりません。援助に使う技能が異なるだけです。

医師団は医療技術を用い、私たちはエンジニアリング技術を使います。救える命は一つでも多く救う。救えた命は限りなく幸せになってほしいと願い、幸せの道筋をつけていく点は同じです。「国境なき技師団」は、予防接種や外科手術の代わりに、防災教育や耐震技術を通じて命を救うわけです。

被災者の支援について、私が心がけていることがあります。「被災前の生活」に少しでも早く戻してあげることです。70～80代の高齢な被災者へ「復興まであと10年かかります。それまで待ってください」と言うことが、どんなに残酷かは容易に想像できるはずです。電気・水道・ガスを含め、住宅にしても学校にしても道路にしても役場にしてもそうです。せめて「あと1年」と言ってあげたい。そのためにできることは何か。大災害にびくともしない「壊れないインフラ」と同時に、「あっという間に修復できるインフラ」が大切になります。想定外の事態で破壊されるインフラに代わり、破壊されても数日あれば修復・復旧できるインフラの研究と支援へ力点を移す必要があります。ハードの対策が重要になるのはそのためです。ソフトの対策で「被災前の生活」を実現することは難しい。それは日本でも、海を越えたアジアの各国・地域でも同じです。

「国境なき技師団」創設のきっかけとなった２００４年12月のスマトラ沖地震・インド洋津波の被災者支援から、東日本大震災の被災地継続支援に至る活動が本書で紹介されています。私たちと被災者が喜怒哀楽を分かち合い、手を携えて歩んできたことが分かってもらえるはずです。うれしい時もつらい時も、悲しい時も楽しい時も、私たちはいつも被災者と共にあります。国内であろうと国外であろうとそれは変わりありません。救える命、救えた命がある限り、防災教育と耐震技術、そして土木、建築、都市計画を駆使した早期復旧・復興技術を通じて、私たちは共に歩みたいのです。

Ｍ・Ｋ君は、自分が被災者になることはないと考えているに違いありません。被災者にならないかもしれませんし、なるかもしれません。それは誰にも分かりません。天災ですから。それでも、君の力を必要としている人は確実にいます。私たちは非力ですが、決して無力ではありません。その力を貸してくれませんか。海外で被災者を支援する動機が見当たらず、初心がないようなら、一緒に海外でそれを見つけませんか。新型コロナウイルスの感染拡大で活動を見合わせているインドネシアとフィリピンにおける防災教育のプログラムに、大学生と共に参加しませんか。感染が終息すればプログラムは再開します。初めはさいなまれる無力感もやがて充実感に変わります。災害を生き延びた人々の命の輝きが、どんなにまぶしいことか……。

（早稲田大学教授）

目次

第一章　「国境なき技師団」設立

〈1〉 人間の復興を支援

「国境なき技師団」元理事長　小長井一男

▽自然の脅威と回復力

スマトラ島沖地震・インド洋津波の発生から2年余りたった2007年2月13日、インドネシアの首都ジャカルタで「国境なき技師団」と土木学会、日本建築学会が主催する「震災復興セミナー」が開かれた。

その2日前、私は現地調査のため、インドネシア・スマトラ島北端のアチェ州バンダアチェからスマトラの海岸沿いを南下していた。その道中、崖下のインド洋に浮かぶ島が陸繋《りっけい》砂州《さす》の形成により、スマトラ島とつながっていることに気づいた。カナダの地球観測衛星の画像を見ると、もともと陸地の小山であった島の周りが津波によって大きく削ぎ取られてしまった所だった。津波襲来からわずか2年で、島は再び陸地とつながろうとしていた。たくましい自然の回復力を私は感じた。

陸から沖に突き出すように形成される細長い砂浜であるこの「砂嘴《さし》」の砂はいったいどこから運ばれてきたのか。ヒントは2年後、「国境なき技師団」の理事長として訪れた西スマトラ州パダン市内の石積みの海岸護岸沿いで目にした。護岸沿いに、黒いやせた海浜が延びていたのだ。

採取した砂に磁石を近づけると、磁石の先端は砂鉄で真っ黒になった。海岸浸食に伴い、軽く白っぽい石英主体の砂が運ばれたことを示していた。砂は、これら海岸沿いから、津波で損なわれたバランスを取り戻すように運ばれていったに違いないと思った。

大地震の後、長期にわたり地形が大きく変化し、復興の妨げになることは古来、繰り返されてきた。1858年4月9日（安政5年2月26日）の飛越地震では立山連峰の鳶山《とんびやま》が崩壊し、全量で4・1億立方㍍と推定される土砂が流れ出た。160年以上たった今も、その対応に年間約50億円の砂防対策費が計上されている。土木工学を専門とする研究者にとって、鳶山の災害は知っていて当然の話だった。私たちの地震被害調査は、発生直後の状況にのみ、重点を置いていなかったか。過去の困難な復興の事例を胸に刻んできたのか。私自身、地震の痕跡が消えないうちにという焦りが、心の奥底にあったのだと思う。

▽技師団の設立構想メモ

1999年9月の台湾中部を襲った台湾集集地震。台湾営建研究院のウェイ・F・リー博士から翌年8月、集集地震でむき出しになった山岳斜面の面積が1700万平方㍍にも及び、土石流の危険渓流の数は地震前の3倍にも達し、対応に苦慮しているとの話を聞いた。これまでの発生直後の地震被害調査だけでは不十分だと深く考え始める契機だった。相前後して、土木学会の次期会長に内定していた濱田政則氏から「国境なき技師団」の構想を知らされた。NPO法人設立に向けた設立趣意書のメモを見せられた。メモには「災害発生後に被害に苦しんでいる人々や地域社会への（技術者としてできる）支援」「防災教育と教材整備」を国際的に展開する重要性が盛り込まれていた。さらに、日本建築学会を含む他の学会、国際支援に関わる公的機関（外務省、国際協力機構、国土交通省など）、民間機関、国際支援に関わる関連機関との協力関係が描かれていた。

驚いたことに、理事・監事の候補者も示されていた。日本建築学会、土木学会、建築・土木構造物・地盤の地震工学や水害の専門家、海外で活躍する民間建設会社の社員らに相談した結果だった。大変魅力的な構想だと思い、私は協力を申し出た。

海外支援のＮＰＯについて知識がなかった。外務省と大阪大学医学部の友人に相談した。それぞれ国連大使を歴任したり、日本の母子手帳を世界に普及する活動をしたりした大学時代からの友人だった。大阪大学の友人からは自身が運営にも関わる「ジャパンプラットフォーム（ＪＰＦ）」のサポートを得ることについて助言をもらった。ＪＰＦは市民団体と政府、財界が共同設立した人道支援を目的とする国際組織。「国境なき技師団」は後にＪＰ

Ｆの理解を得て、東日本大震災の被災地である岩手県大船渡、陸前高田両市へ「シニア技術者」を派遣することになる。

▽パキスタンでセミナー

「国境なき技師団」は２００６年６月、ＮＰＯ法人として東京都が認証を決定。翌７月に設立を登記し、07年６月に第１回総会を開いた。走りながらの船出だった。慌ただしいことが続いた。07年10月には、パキスタン北部アザド・カシミール特別州の州都ムザファラバード市で、技師団主催による震災復興技術セミナーを開いた。首都イスラマバードの北東約１００㌔の州都を直撃した05年10月のパキスタン北部地震。マグニチュード（Ｍ）７・６を記録したこの大地震により、パキスタン・インド両国で死者が７万人を超した。ムザファラバード市に続き、イスラマバードで開いた技術セミナーで、パキスタン政府肝いりのコンサルト組織（ＮＥＳＰＡＫ）で震災後の耐震規定見直しの指揮を執っていたタヒール・シャムシャッド氏に講演を依頼した。

残念だったのは、シャムシャッド氏が講演で使用したスライドの資料に、日本の耐震基準が一切取り上げられていないことだった。寂しい限りだった。日本語の壁なのか。それとも、日本への留学経験があるパキスタン人技術者が規定見直しの現場にいなかったからか。建築・土木の記述をめぐる海外との接点の希薄さ、脆弱《ぜいじゃく》さを感じたことを覚えている。その後しばらくして、ＮＥＳＰＡＫ側から日本の土木学会へ土木学会論文集への掲載を求め、パキスタンの耐震基準を紹介する論文が寄せられた。査読の結果、学術的水準が十分でないとの理由で掲載は却下された。厳正な査読の結果は受け入れざるを得ないものの、何かがかみ合っていないもどかしさ、不満、いら立ちを覚えた。残念な行き違いだった。

▽手当たり次第

いいと思うことは手当たり次第に挑戦する―。それが「国境なき技師団」の初期の活動スタイルだった。先に触れたパキスタン・イスラマバード市とムザファラバード市における防災知識の伝承と普及に関する支援事業もそうだった。インドネシアにおける地震観測・地盤調査技術普及調査業務もそうだった。在外公館や国際協力機構（ＪＩＣＡ）事務所のほか、飛島建設など技師団賛助会員企業の現地事務所が支えてくれた。周りに多くを頼りながらも、最低限の活動資金は調達しなければならなかったことから、国際建設技術協会への申請や、国土交通省総合政策局発注事業枠への申請を繰り返した。特にパキスタンの復興支援では、科研費が連続採択されたことは幸運だった。綱渡りのような資金調達と支援事業が継続できたのは、損得なしに技術者の使命と倫理観だけで活動した人々がいたからだ。私はそのことを常にありがたく、誇らしく思う。

パキスタン北部大地震の後、東京大学大学院の社会基盤専攻に留学した博士課程のパキスタン人学生が、母国の復興支援活動に関わることになった。一般には論文集受けしにくく評価されにくい地味なテーマだった。地震で出現した８０００万立方㍍の土砂ダムが決壊する兆候が捉えられたので、彼は決壊が生じたときの洪水の到達範囲を予測し、その危険性を現地に伝えた。地震から４年４カ月後の２０１０年２月、ダムは決壊した。彼が浸水を警告した村は流され、男の子一人が亡くなったものの、早期避難を通じて最小限の被害にとどまった。彼の論文は国際学術ジャーナルに２編掲載され高く評価されたが、それ以上に私がうれしく思うのは、彼も含め「国境なき技師団」の活動に縁のある研究者や技術者、ボランティアが自ら関わる被災地で復興を支援し続けていることだ。それこそ「人間の復興支援」であると私は信じている。

（東京大学名誉教授）

〈2〉スマトラの復旧と復興のために

「国境なき技師団」会長　濱田政則

インドネシア・スマトラ島沖インド洋で発生したマグニチュード9・1の地震による大津波から約4カ月後の2005年4月13日の午後、スマトラ島の先端に位置する、人口約30万の都市バンダアチェの空港に降り立った。土木学会や日本建築学会などによるスマトラ沖地震・インド洋津波の被害の調査団の一員として、津波の直撃を受けたスマトラ島北部西海岸の被害状況を調査するのが目的であった。

当時、インドネシアは内戦の最中であり、特にバンダアチェを中心とするスマトラ島北部は内戦による抗争の最も激しい地域で厳重警戒の下にあった。現地の情勢に詳しい飛鳥建設のジャカルタ事務所に勤務していた鈴木智治氏（２０２０年5月逝去）が案内役だった。
　バンダアチェの空港は海岸線より車で40分程度離れており、空港の周囲は津波被害の跡はなく、平常を保っているかのように見えた。ただ、救援のため世界各地から人員や物資が空路で次々に到着しており、滑走路やそれに続く誘導路には各国・地域からの航空機が駐機していた。その周りを関係者が慌ただしく働いているのが空港ロビーからも見えた。

　インドネシア入国の到着ビザを取り、鈴木氏があらかじめ手配していた車でバンダアチェの市内に向かった。初めは津波の痕跡は見えなかった。しばらくすると状況は変わり、津波によって流出した家屋の残骸やおびただしい数の家財道具が泥まみれになって道路の両側に山積みにされていた。約30万人だったバンダアチェ市の人口は、四分の一に相当する約7万人の命が失われ、減少した。津波の被害はインドネシアの西海岸ばかりでなく、インド、スリランカさらにはモルディブ、アフリカ東海岸のソマリアにまで及び、内閣府のまとめでは死者・行方不明者が22万人以上に達したとされている。

▽林の中で埋葬

市内に向かう途中、林を切り開いた土地の横を通り過ぎた。そこは津波で命を落とした人々のための埋葬所だった。穴を深く掘り、何段かに分けて遺体をやむを得ず埋葬していると、同乗していた現地の大学教員が教えてくれた。

バンダアチェ市の中心部である海岸沿いで車を止め、辺りを見回した。10メートルを超す高さの津波に襲われたと推定される地域の周囲には、津波による残骸と泥がうず高く積まれ、異臭が漂っていた。

遠くに一つ、海岸線近くに残っている建物があった。イスラム教徒が毎日欠かさずに礼拝をするモスクだった。津波に襲われた時、モスクには多くの教徒が祈りをささげていた。全員が2階以上に避難して助かったのだと聞かされた。

翌日から土木学会と日本建築学会による被害調査が始まった。内戦による厳重警戒のため、地元の警察に依頼して、調査団の車列の前後をパトカーに護衛してもらった。行く所、惨憺たる状況の連続であった。筆者を含む調査団のメンバーは、被害の状況を撮影し、辛うじて倒壊を免れた建物の壁に残る浸水の痕跡から、津波の高さや海岸からの津波の到達距離を測定しては記録した。

▽思い込み

バンダアチェの被災地で筆者が考えたのは「わが国がこのような津波による惨状を経験することはまずないだろう。日本とは無縁だ」ということであった。スマトラ沖の地震のマグニチュードは9・1だが、日本では9を超える地震の発生は考えられない。南海トラフ沿いの東海地震、東南海地震、南海地震が連動して発生することがあっても、そのマグニチュードは8・7とみられていた。事実、政府の中央防災会議も、スマトラ沖地震の前ではこのような数値を発表していた。筆者がスマトラ沖地震のような大地震は日本では起こらないと考えていた根拠の一つはここにあった。

しかし、スマトラ沖地震・インド洋津波から約6年後の2011年3月11日、日本でも同じような大地震が発生した。東日本大震災による大津波災害である。東北地方の太平洋岸の町々で、バンダアチェと同じ光景を見ることになった。筆者を含め、地震防災分野の専門家に油断と重大な見落としがあったのである。マグニチュード９の地震は発生しないというのは単なる思い込みにすぎなかったことを思い知らされた。

　スマトラ島の西岸の海底には、長さ１０００キロ以上にも及ぶプレート境界が存在している。プレート境界に向かって、インド・オーストラリアプレートがヨーロッパプレートの下に沈み込んでおり、プレート沿いでは過去にもマグニチュード８を超える地震が度々起きている。プレートの状況は日本の東北地方太平洋岸の状況と酷似している。東北地方の太平洋沿岸には長さ６００キロ以上の日本海溝があり、太平洋プレートが日本列島の載る北アメリカプレートの下に潜り込んでいる。スマトラ島西岸と東北地方太平洋岸のプレート構造の類似性を考えれば、なぜ、スマトラ島沖で発生したようなマグニチュード９クラスの地震が日本で発生しないと言えたのか。この思い込みは重大な問題であり、地震防災を専門としてきた研究者の一人として取り返しのつかない失敗だった。

スマトラ沖地震の大津波に直撃されたバンダアチェ市の被害
(2005年４月15日、「国境なき技師団」提供)

▽被災地復旧・復興に向けた調査

国内外で地震の被害が発生すると、多くの調査団が日本から被災地に入る。各自が同じ写真を撮り、帰国後、写真集のような類似の報告書を出す。それも多くの場合、日本語である。そうした報告書が、被災地域、被災した人々にどのような役に立つのか。それを自問することなく、同じことを繰り返していたのではないか。バンダアチェで改めて考えた。被災した現地に直接役立つことはできないのか。土木学会と日本建築学会による調査団は土木技術者、建築技術者で構成されている。専門家として役に立つことはできないのか……。

一つの計画が持ち上がった。スマトラ島の西海岸道路の復興支援である。

西海岸の幹線道路は、津波によって多くの橋が流出し、盛土上に造られた道路はほとんどが津波によって跡形もなく押し流された。西海岸沿いにある中小の市町村とバンダアチェを結ぶ地上の交通手段は完全に閉ざされていた。海岸道路の復興に日本の土木・建築の技術が貢献できることもあるはずだと考え、バンダアチェ市内に開設された国連の事務所を訪問した。私たちの計画を説明したところ、国連本部から派遣されていた職員の強い賛同を得ることができた。国連のヘリコプターを貸すので、上空から被害状況を把握し、復興計画書をまとめてほしいと求められた。

約100キロにわたり西海岸を上空から調べた。海岸道路の復興のために私たちが国連事務所側へ提出した報告書の骨子は、次の通りであった。

1 海岸にマングローブを植林して、津波の力を弱めること
2 橋りょうはコンクリート製とし、重さによって津波による流出を防止すること
3 橋桁の浮上、落下を防ぐため橋台と橋桁の連結を強固にすること
4 道路の盛土はセメントなどで締め固めて、津波による洗堀・流出を防ぐこと

調査団の提言はインドネシア当局の担当官にも提出した。その後、提言は復興における一つの基本方針として採用された。

国連の現地事務所でEngineers Without Borders International（EWB-I）という国際組織があることを教えられた。米国や欧州の主要国では、国ごとにEWBがつくられ、シニア技術者が海外でボランティアとして活躍しているとのことであった。これが「国境なき技師団」の日本設立の契機となった。

▽稲むらの火

バンダアチェで小中学校を訪問する機会があった。児童・生徒に日本に伝わる「稲むらの火」の話をした。

「稲むらの火」は1854年に和歌山県が大津波に襲われた時の話である。村長、濱口梧陵《はまぐちごりょう》は丘の上の自宅にいて、海より大津波が襲来することを知り、祭のために海岸に集まっていた人々に津波来襲を伝えるため、刈りとったばかりの稲むらに火をつけた。村民は村長の家が火事だと思い、火を消すため坂を上って丘の上に駆けつけた。これにより、多くの命が救われたという話である。

バンダアチェ市内の中学校でこの話をした後、女子生徒の一人が立ち上がり「日本では津波から命を守るためにそのような話があったのに、なぜそのことを津波の前に私たちに教えてくれなかったのか」と問いかけた。教室にいた調査団のメンバーは、全員が言葉を失った。

私は帰国後、このことを大学の講義で学生たちに話した。これがきっかけになり、学生たちが防災教育のサークルを独自に立ち上げた。早大防災教育支援会（ＷＡＳＥＮＤ）の始まりである。新型コロナウイルスのパンデミックが起きる前年の２０１９年までは、社会環境工学科の早大生を中心に夏休みはインドネシアで、春休みはフィリピンで防災教育を実施してきた。若い彼ら彼女たちの活動について、「国境なき技師団」は旅費や宿泊費の一部を補助している。

ＷＡＳＥＮＤの活動については二つの課題がある。活動費と安全の確保である。大半の活動費は学生自らが稼いだアルバイト代で賄っているのが実情で、運営資金が乏しい。海外の被災地における活動は、感染症や突発の事故といったリスクを伴うため、事前の対策を徹底する必要がある。早稲田大学の教員が活動に深く関わり、教育的側面があることからも、保護者らの理解を得なければならない。どちらも悩ましい問題である。

私が初めて関わったスマトラ沖地震の被害調査から1年数カ月後。バンダアチェ市を再訪した。津波に襲われて多くの死者と行方不明者が出た海岸の砂浜を歩いた。海の中から子どもたちの大きな笑い声が聞こえた。子どもたちが海水浴を楽しんでいた。思わず「ボハバー」と声をかけた。「ボハバー」はアチェ語で「こんにちは」の意味である。一斉に「ボハバー」の声が返ってきた。子どもたちの元気な声で、アチェが確実に復興の道を進んでいることを感じた。海と川と山に囲まれた町に暮らす子どもたちは、津波の難から逃れられた命である。その命はこれからも地震と津波で奪われてはならない。

（早稲田大学名誉教授）

〈3〉ヒューマニズムが原点——創設メンバーの対談

「国境なき技師団」会長　濱田政則・同理事　鈴木智治

自然災害に幾度となく見舞われてきた日本列島で、被災地の復旧・復興に「草の根の立場」から取り組む建築・土木の技術者たちがいる。彼らの活動は国内に限られ、海の向こうでグローバルな活動をする場合でも政府開発援助（ＯＤＡ）や公的機関による海外協力の一環として実施されるにすぎなかった。なぜなら活動の拠点となる足場が海外になかったからだ。２００４年暮れ、突然、彼らは海外へ目を向けざるを得なくなった。12月26日にインドネシアで起きたスマトラ島沖地震・インド洋津波で、被災者が１２０万人（内閣府調べ）に達したからだった。未曾有の大災害だった。

「災害国ニッポンで培われた技術力を、スマトラ島で生かすことができないだろうか」。早稲田大学理工学部教授（地震防災工学）だった濱田政則氏は、日本の技術者や研究者によるそれまでの活動に疑問を抱いていた。「日本人の技術者による海外の被災地調査が、現地で写真をバシャパシャ撮るだけになっていた。日本に帰国すると、所属する学会で被災地の状況を写真と一緒に報告し、それで終わりとなる。自分の業績にはなるだろう。果たしてそれでいいのか。物見遊山的な被災地調査が被災者のために、そして被災地のためになっているのだろうかと自問自答した」

濱田氏は1995年の阪神・淡路大震災の教訓を踏まえ、海外においても復旧・復興の支援活動は持続しなければならないと考えていた。「活動が国境のこっち側とあっち側で違うというのはおかしい。災害は国境の区別なく襲ってくる。だから互いに協力しなければならない。協力できる側が協力するというのは当たり前のことだ」

土木学会の巨大地震災害への対応特別委員会委員長も務める濱田氏がスマトラ島沖地震で

被災地入りをする際、協力を仰いだのはインドネシアの首都ジャカルタに駐在員を置いていた飛島建設（東京都港区）だった。現地の情勢に精通していた駐在員の鈴木智治氏（２０２０年５月に逝去、享年74）が濱田氏らの率いる土木学会・調査団の受け入れ役を任された。大地震発生からわずか２カ月後には約30人から成る調査団が結成される手はずになっていた。

「私はスマトラ島北端のアチェ州でコレラに感染し、ジャカルタの病院に当時、入院していた。上司から『悪いけど、スマトラ島沖大地震の調査に同行してもらえないか』と言われた。こちらは入院しているというのに、被害が一番深刻なアチェ州に行くのですかと半分あきれながら点滴を受けていた」と鈴木氏は打ち明ける。濱田と鈴木の両氏は、互いのことを知る由もなかった。２００５年２月27日、ジャカルタの国際空港で二人は初めて対面した。それがＮＰＯ法人「国境なき技師団」が同年12月に発足する起点だった。以来、二人のヒューマニズム（人道主義）を柱とする被災地支援活動が内外で続けられてきた。

持病を抱える鈴木氏の容体が悪化する前の２０２０年3月、二人にスマトラ島沖地震・インド洋津波の被災地支援とその後の活動について、都内のホスピスで語り合ってもらった。

×　×

鈴木　土木学会による調査団の現地受け入れを進めたいと突然、飛島建設の上司から相談を持ちかけられました。調査に入る先のアチェ州までは、ジャカルタ国際空港から乗り継ぎをして3時間弱を要する。現地は津波でやられ、宿泊場所についても移動する車についても確保するのが難しかった。調査団のメンバーは実情を知っているのかといぶかしく思いました。それでも奇跡的に宿泊場所と車を手配することができた。料金はとても高額で法外でした。

濱田　アチェに設置された国連事務所へ足を運び、西側沿岸の被災状況をヘリコプターで視察させてほしいと要望した。土木学会の調査団メンバーが空から被災状況を確認しました。

鈴木　ヘリコプターの搭乗が許可されました。その代わりに、沿岸を走る幹線道路の復旧を支援してくれと頼まれました。だから復旧の提言をまとめ、インドネシア当局へ提出したわけです。海岸でマングローブの植林を進めること、幹線道路を海沿いから山側へ移すことなどが盛り込まれました。

濱田　鈴木さんのような現地コーディネーターがいないと、私たち技術者は被災地調査もままならない。技術者とコーディネーターが二人三脚で活動して初めて、蓄積してきた技術力を被災地で生かせる。言葉一つをとってもそうです。調査団のメンバーはインドネシア語を誰も話せなかった。

鈴木　被災地調査で考えさせられたことがあります。技術者や研究者は自分の論文を書くことに一生懸命で、現地への貢献、被災地への支援は二の次になっていることです。濱田先生は違いました。

濱田　震災孤児が収容されていた施設を訪ねた時のことです。悲惨な状況ばかりを目の当たりにし、緊張感を欠いていたのかもしれません。いつも通り、津波の話をしました。最後に少女が、それならなぜ津波が起きる前に津波のことを教えてくれなかったのですか、と詰め寄ってきました。私と同行した調査団のメンバー全員が言葉を失った。あの時ほど、防災教育の大切さを痛感したことはありません。彼女は家族も家も、すべてを津波に奪われたのです。あの時の体験が「国境なき技師団」を立ち上げる力になりました。

鈴木　大津波に流されながら無事生還した少年もいました。少年は中学生だった。父親と兄、自分以外、家族は津波にさらわれて亡くなった。

濱田　津波に対する十分な知識があれば、助けられる命もありました。そう考えると、アチェのために何かしたい、何かしなければいけないと考えました。

鈴木　早稲田大学の学生団体である「早大防災教育支援会（ＷＡＳＥＮＤ）」がインドネシアの小学校を訪問する活動をコーディネートしました。現地の人々は積極的に受け入れてくれ、私たちが非力であるにもかかわらず、歓迎式典を開いてくれることもありました。飛島建設でＯＤＡの仕事に四半世紀携わり、無償援助事業の掘り起こしを手弁当でしてきた。それが形を変えて実ったのだと感じます。支援のノウハウを生かすことができれば、こんなに喜ばしいことはないです。そう考えて「国境なき技師団」の創設と運営に協力してきました。

濱田　「国境なき技師団」はスマトラ島沖地震のほか、パキスタンの地震被害、バングラデシュのサイクロン被害などの調査に広く関わってきました。早稲田大学の学生が中心のＷＡＳＥＮＤや「京都大学防災教育の会（ＫｉＤＳ）」の活動に協力し、東日本大震災復興を支援してきました。特に岩手県の大船渡、陸前高田の両市にはシニア技術者を派遣しています。私自身もスマトラ島へは度々足を運びました。

鈴木　「国境なき技師団」の活動の主なものは、海外で起きた地震の被害調査、防災教育活動、防災技術の普及を目的とした会議・セミナーの開催が挙げられます。

濱田　もう一つの重要な柱に、地盤調査技術の普及と復興技術についての支援があります。わが国の防災技術の移転です。例えば防災行政無線を使った津波警報システムが挙げられます。インドネシアはイスラム教徒が多数派を占め、礼拝施設のモスクが多いことから、モスクのミナレに備えられたスピーカーを津波発生時の警報に活用することができるのではないかと考えました。これは実現していません。

鈴木　モスクを津波警報システムの地域の拠点の一つにするというのは、現地にふさわしい支援の在り方だと思います。机の上で被災地のことを考えていても、そうした発想は出てきません。日本の技術や知識を現地にふさわしい形に応用するということは、そういうことだと思います。日本の技術者が被災地を見てあれこれ考える。それを手助けして支援するのが、私の役割と考えていました。

濱田　スマトラ支援で重要な役割を果たしてきた学生は毎年、卒業や大学院進学によって、メンバーが代わります。先輩から後輩に支援のためのノウハウを確実に伝えていくことがこれからの課題と考えています。

鈴木　先輩たちが敷いてくれた支援活動のレールに乗り、一つのサークル活動として参加している学生も多いと思います。サークル活動を楽しみ、学生生活を充実させることは重要です。支援活動が苦労と苦難ばかりでは長続きしないことは理解できます。ただ「国境なき技師団」もＷＡＳＥＮＤも、自然災害より人々を守ることを原点に出発したことを忘れないでいてほしいと思います。

濱田　私たち自身が「国境なき技師団」創設の原点を忘れず、目標を明確に掲げていくことが重要です。学生にもこのことを引き継いでいかなければなりません。毎年、学生が大学を卒業し「国境なき技師団」を離れていくのは当たり前のことです。卒業しても「国境なき技師団」の精神が息づいていると思います。「国境なき技師団」やＷＡＳＥＮＤの活動の原点は、ヒューマニズムであるということを理解していると思います。

鈴木　ヒューマニズムだし、人間性だと思う。学生たちのＷＡＳＥＮＤでの経験は、大学を出た後も必ず生かされるものと思っています。自然災害が起きれば、過去の支援活動の記憶や体験がよみがえります。必ずや自然災害の軽減に国民の一人として貢献することになると考えています。

（構成・編集　早稲田大学出版部）

第二章　防災技術のアジア移転

〈1〉 ニアス島で地盤調査

「国境なき技師団」委員 三輪 滋

「重りがない！ 地盤調査ができない。また失敗か…」。2007年2月20日、復興支援活動が3回目を迎えたインドネシア・ニアス島の活動地点に到着して、最初に発した落胆の言葉だった。

前年の技術移転で寄贈した旧スウェーデン式サウンディング（現スクリューウエイト貫入試験）と呼ばれる地盤調査の機器のセットが、1年後には、ばらばらになりそろっていなかったのだ。これがなくては、地盤調査法の技術移転の実地講習ができない。疑問が湧いた。私たちが昨年、帰った後はきちんと使っていなかったということではないか。復興のための技術移転とはいうものの、一朝一夕にはうまくいかないといつも思い知らされる。重りは捜索の結果、ほどなく見つかり、機器は一式がそろった。他の実験の重りとして使われていたらしく、無事に元に戻った。

インドネシアのニアス島は、インドネシアのスマトラ島の西方に連なる島々の一つで、南北約１５０㌔、東西約５０㌔m、人口約70万人の島。島の南には、知る人ぞ知るサーフィンの穴場がある。

▽ニアス島

インド洋に巨大津波を引き起こした２００４年12月のスマトラ沖地震で、ニアス島も被害を受け約１００人が亡くなった。実は３カ月後の05年３月28日、ニアス島の直下を破壊領域とするマグニチュード８・７の巨大地震が発生した。津波よりは揺れのため、建物や構造物などに甚大な被害が生じた。９００人を超える死者、６０００人を超える負傷者が出た。インドネシアは日本と同様にプレート境界に位置し、スマトラ島西方沖では繰り返し地震が発生している。

世界の支援の目が、スマトラ島北端のバンダアチェなど大津波による被害が甚大であった地域に向けられる中で、「土木学会」巨大地震災害対応検討特別委員会委員長だった濱田政則氏が「この地震でも大被害が生じているのだから、復旧・復興の支援が必要である。スマトラ大地震の後だからといって放っておくわけにはいかない」と訴えた。これを受けて、後に「国境なき技師団」の名で活動するメンバーが、2005年4月に土木学会の応急復旧・復興支援チームとして派遣されたのが、ニアス島支援の始まりだった。

現地における最初の活動は、被害をできるだけ詳細に調査し、その時点で可能な応急復旧の提案をすること。そして、継続的な復興支援のための方法を考え出すことだった。被害は、構造的に脆弱《ぜいじゃく》な建物が崩壊する例が多く見られる一方、人口が集まる地域は軟弱地盤と考えられる低地が多く、液状化などの地盤災害に起因した被害が目立った。首都ジャカルタから離れた島では、経済の地域格差が存在し、地盤強化に関する防災対策が資金的にも技術的にも後回しになっているように感じられた。

▽地盤が優先

復旧・復興計画を作成するためには、仮設にしろ、新しい構造物にしろ、それらを支える地盤がどうなっているかが分からないと前には進まない。被災地域の地盤データが不可欠である理由だ。地盤の性状を示す調査データは、ほとんど系統的に記録、保管されていなかった。地盤への配慮や関心がないままに構造物が造られてきたのだろう。今後の復興で、主要道路や大きな橋などを建設するに当たっては、構造データや地盤のデータを島内のエンジニアが自分たちのものとして維持管理に活用していかなければならない。さらに、規模が大きくない多くの施設や建物は地元の人たちが自らの手で造り上げ、維持管理していく必要がある。復興やその後の発展を地域住民が自ら成し遂げていくには、自らの手で調査することから始め、発展の中で生じる問題や課題の対策に携わることが極めて重要である。さまざまな方法がある地盤調査のうち、機械に頼る方法はメンテナンスが必要なため、機械そのものに不具合が生じたらすぐに使われなくなってしまう。代わりに、道具（機器）と人さえいれば地盤調査できるものがいい。最もシンプルな方法を提供するのが一番だと考え、スウェーデン式サウンディングを採用した。スウェーデン式サウンディングを使って得られたデータとそれに基づく支持力や液状化判定法、さらにその検討結果を復興計画へ反映させる指導に主眼を置いた。

「日本から持ってくればよかった！」。２００６年１月、２回目の復興支援で訪ねたニアス島で発した叫びだ。簡単な方法であればうまくいくというわけではなかった。現地で手にしたのは、スウェーデン式サウンディングの機器とは似て非なるものだった。「簡単な機器だから、現地でも作れるだろう。将来は現地でたくさん作って使えるようにするのだからその方がいい。機器のしっかりした図面さえ送れば大丈夫だろう」。そう考えたのが失敗のもとだった。何のために、どのように使う機器であるかを分かった上で作ってもらわないと、使えるものにはならないということだった。

▽スウェーデン式サウンディング

スウェーデン式サウンディングによる調査法は、機器の先端にスクリューが付いた棒を人力で回転させて地盤中に押し込んでいき、深さを押し込むのに必要な回転数で地盤の強さを測る。日本では多くの場合、機器は機械化・自動化されている。動力で動く機械はメンテナンスが重要であり、動かせば壊れることも多いことから、ニアス島に導入するのは人力をベースにしたオリジナルの機器を選んだ。地盤に一度押し込んだ棒は回収して、別の地点の調査に使わなければならない。棒をスムーズに引き抜くには、先端のスクリューが逆回転できて、棒をしっかり持ち梃子《てこ》の原理を応用して引き抜く装置が必要だ。しかし、目の前にあったのは、引き抜くための工夫が全くないスクリューに加え、棒をしっかりつかめない引き抜き装置だった。

諦めるわけにはいかなかった。地盤調査会社から参加したメンバー、大成基礎設計（現アサノ大成基礎エンジニアリング）の社員が念のためにと日本から持参したスクリューが窮地を救うことになった。現地の溶接屋に持ち込み、先端部を取り換えることにより使用が可能に。現地で実施した講習では、引き抜き装置が必要になる固い地盤は避け、手で逆回転させて引き抜ける柔らかい地盤を選んだ。講習後は、「地産地消型技術」のモデルになればと機器を現地に寄贈した。その一方で、帰国後すぐに、日本製のスウェーデン式サウンディング機器一式を送った。次回の現地調査まで工夫を凝らし有効に使い続けてほしいと願ったものの、その結果は冒頭で述べた通りだった。

▽理念は地産地消の技術

「地産地消型技術」の理念の下に、機器を現地調達としたのには深い理由がある。市民団体による草の根の支援活動は、活動資金に限界があるからだ。機器の空輸は高価で、船便は時間を要して調査に間に合わないことから、現地調達をせざるを得ない事情があった。その後、ジャカルタ直行便を運航していた日本航空の協力で、機内持ち込みの手荷物について重量超過分の料金を免除してもらうことができた。

スウェーデン式サウンディングによる地盤調査は、機器も操作もシンプルだったため好評だった。2008年1月まで毎年、ニアス県の県庁所在地グヌンシトリで実施した技術者講習は、南ニアス県テルクダラム市でも実施した。うれしいことに講習先は広がり、スマトラ島の北スマトラ州メダンや西スマトラ州パダンでも声がかかり、地産地消型技術の移転につながった。

ニアス島グヌンシトリ市で2006年１月に実施したスウェーデン式サウンディングの実地講習風景（2006年１月４日、いずれも筆者撮影）

２００９年9月30日に西スマトラ州パダン沖でマグニチュード７・６の地震が発生した。震源に近い西スマトラ州の山間部は大規模な斜面崩壊により道路寸断や住宅損壊に見舞われ、パダン市では大型の建築物に多数の被害が出た。「国境なき技師団」の活動は、ニアス島から、パダン沖地震の被災地へと移らざるを得なくなった。そして２０１１年3月の東日本大震災の発生。海外から国内へと復興支援の重点を移すことになったことから、私を含めて対外支援への余力がなくなった。残念ながら、「国境なき技師団」によるニアス島支援の活動は途切れた。

ニアス島支援はインドネシア・日本両国の官民の機関による協力なくしては成立しなかった。活動のたびに土木学会誌で謝意を込めて報告をした。その中で各機関からの協力に触れた文がいつも、長くなってしまった。成果が上がらなければ、協力してもらった皆さんには合わす顔がないとの気持ちがあった。そのことだけは明記しなければならないと思う。

（飛島建設　顧問）

〈2〉スマトラ島の大学と協力

「国境なき技師団」委員　三輪　滋

初歩的なミスだった。穴があったら入りたかった。インドネシアの地震工学発展の貴重な記録となるはずだった地震動記録が取れていなかったからだ。インドネシア西スマトラ州の国立アンダラス大学、パダン州立大学との共同研究は順調に進んでいたはずだった。大学側と「国境なき技師団」の共同で、州都のパダンなどに地震計を設置し、地震観測を続けていた。それまでに起きた小さな地震はしっかりと記録が残っていた。

２００９年９月30日に西スマトラ州パダン沖で起きたマグニチュード７・６の地震。震源に近い州都のパダン市では多数の命が奪われた。「国境なき技師団」の活動が具体的な防災対策や計画に生かされるより前に大きな地震が発生してしまった。しかも、防災対策の裏付けとなる地震観測の記録が取れていなかった。理由は停電の発生だった。大きな揺れのために地震計の電源が落ちたからだった。地震計の改良が進み、電源対策はできていると勝手に思い込んでいたのがあだとなった。

▽バッテリーが不備

大地震の発生と同時に停電することは、過去の地震でも経験していた。このため地震観測には停電対策が必須で、地震中も地震後も、ある程度の時間は電源を確保し、余震の時間を含めて記録することが求められる。阪神・淡路大震災のあった1995年ごろまでは、地震計の普及は鈍かった。装置は大きく、停電に備えて無停電電源装置と呼ぶバッテリーを備え付けることが普通だった。

1991年の釧路沖地震以降、93年の北海道南西沖地震、94年の北海道東方沖地震と大きな地震が頻発したこともあり、地震計の改良が進んだ。小型で無停電電源装置を備えた携帯地震計がお目見えしていた。ノートパソコンが出回り、バッテリーそのものも小型軽量化が進んでいた。パダン市への地震計設置が計画されたのは２００８年だ。日本の計測・制御機器メーカーが「国境なき技師団」へ地震計を無償で提供してくれることになった。無停電に対応したバッテリーが組み込まれていると誰もが勝手に信じ込んでいた。実はそれは思い込みにすぎず、バッテリーが備え付けられていないと分かった時は、あとの祭りだった。

パダン市に地震計を設置しようと考えたのは、２００８年1月ごろだった。現地の設置・受け入れ先は、07年2月にニアス島地震（05年3月発生）復興支援活動で出会ったアンダラス大学のフェブリン教授にお願いした。防災意識を高めるＮＧＯ活動に取り組み、04年12月のスマトラ沖地震以降、国際的な支援で西スマトラ州に作られた津波監視センターの運営に、教授が関与していたからだった。

▽重要な地震動記録

被害を分析し、防災力を高めるには、どのような揺れが起きたかを記す地震動記録が極めて重要で、地震防災技術の基礎情報として活用される。特に1995年の阪神・淡路大震災で、最も大きな揺れが襲った「震災の帯」で震度7相当の地震動記録が得られなかったことはよく知られている。これを教訓に、日本全国に網の目を張るかのように地震計が設置され、密度の高い強震観測網が整備された経緯がある。スマトラ島の西岸部は、日本と同じようにプレート境界に位置し、地震が繰り返し発生する。ニアス島地震で破壊された領域の南側、ちょうど西スマトラ州の沿岸に当たる領域では、しばらく大きな地震が発生していなかったため、近い将来、大地震が起きる可能性が指摘されていた。しかし、インドネシアにおける地震観測の整備は進んでいなかった。そうした中で、パダン市を中心に地震計の設置計画が進められたのだった。

2008年8月、フェブリン教授らが地震計をパダン市に3台、スマトラ断層が近傍を通る山間部のブキティンギ市に1台をそれぞれ設置した。パダン市の3台については、海岸近くの低地と丘陵地、その中間にある扇状地を設置場所に選んだ。それぞれの地盤条件が違う点が重要だった。地震計の維持管理と記録の回収はアンダラス大学が担当した。翌09年2月までに5つの地震の地震動記録が得られ、計画の滑り出しは順調だった。

とはいえ、小さなトラブルは数えきれないくらいあった。アンカーボルトの固定が不十分なためにボルトを傾けながら設置したところ、基礎が水平でないために地震計と基礎の間にワッシャをかませて水平を確保したことも。設置用の工具がそろっておらず、日本から持参した予備の工具に頼らざるを得なかった。

▽アンダラス大学

アンダラス大学は、西スマトラ州の州都パダン市の郊外にある。日本の在メダン総領事館によると、同州の人口は538万人（2015年時点）。同州政府から「国境なき技師団」へ技術支援の要請があり、人口の集中する大都市のパダン市で甚大な地震被害が予想されることから、地震防災力向上のための支援活動を急ぐ必要があった。07年2月、簡易な地盤調査法のスウェーデン式サウンディングによる実地講習をパダン市で初めて実施した。その時、フェブリン教授の熱心な協力を得て、アンダラス大学と技師団の連携が始まった。

パダン市の活動は、大都市の防災性向上が課題だった。それだけに、簡易な地盤調査法を現地に技術移転するだけでは不十分だった。現地の技術者は移転された技術の蓄積・発展に継続的に取り組む必要があった。そのベースになるのが、地震観測で得られる地震動記録だった。地震観測が計画され、アンダラス大学とパダン州立大学と「国境なき技師団」による共同研究として実行に移されたのである。共同研究を通じて取集する観測データは、現地における防災性向上の「生命線」と言えた。

2009年9月30日の大地震に直面した西スマトラ州政府の要請を受け、「国境なき技師団」は翌10月、被害概要を把握するため調査団を現地へ派遣した。アンダラス大学、パダン州立大学と共同で被害を調査した。震源に近い山間部では大規模な斜面崩壊が起き、多くの住宅が巻き込まれ、道路が寸断した。パダン市内では庁舎をはじめ病院、銀行、ホテル、複合商業施設などの大型の構造物が大きな被害を受けた。中にはパンケーキを重ねたように、倒壊した階層が平たく押しつぶされる「パンケーキクラッシュ」と呼ばれる現象が見られた。耐震性が考慮されていない一般の住宅は広い範囲で被害を受け、低地で液状化現象が起きた。

２００９年12月には復旧指導のため、道路と建築構造の専門家を送り込んだ。10年２月には、現地の技術者を日本に招き、免震技術を含む耐震補強技術の研修を実施し、その後も支援を続けた。当時パダン州立大学の講師であったルスナルディ氏は、パダンで支援活動や地震観測を共にした。これらの活動を通じて地震防災の重要性を認識し、その後、08年10月から14年６月まで、「国境なき技師団」のメンバーである京都大学の清野純史教授のもとに留学した。一方、地震観測については、地震計の追加や無停電電源装置の設置が進められた。「国境なき技師団」の活動を起点に、パダン市を中心に日本とインドネシアにおける支援連携の輪が少しずつ確実に大きくなっていった。

（飛島建設　顧問）

〈3〉 津波警報システムの提案

「国境なき技師団」会長　濱田政則

スマトラ沖地震・インド洋津波の後、長期にわたり余震活動が続いた。中にはマグニチュード8を超える地震もあった。深刻な被害を受けたバンダアチェ市の人々に津波への恐怖心が強く残っていた。余震による地震の揺れが始まると、津波から逃げるため屋外に一斉に飛び出し、大混乱に陥ることもあった。車で山の上へ避難する住民も多く、道路は大渋滞となった。この混乱により命を落とす人もいた。「国境なき技師団」が小中学校の児童・生徒らを対象に実施した防災教育により、余震が起きると人々はいち早く避難する行動を取ることができるようになっていた。その一方で、津波警報システムの整備や、避難道路・避難所などの建設は資金調達の問題もあり、遅れていた。

「国境なき技師団」と土木学会、日本建築学会による調査団は、津波警報システムの必要性についてインドネシア政府、バンダアチェ市とその周辺地域の自治体へ提案した。反応は当初、鈍かった。優先しなければならない膨大な復旧事業を抱えているからだった。

余震による犠牲者が出てから状況ががらりと変わった。津波警報システムの必要性が認識され、現地の実状とイスラム社会に適した津波警報システムの提案を求める要請が、インドネシア政府から「国境なき技師団」に対してあった。

スマトラ島の西海岸でどのような津波警報システムが実現可能なのか。海底地震計は現状ではほとんど設置されていない。西海岸沿いの地震動観測ステーションも極めて少ない。さらに費用の問題が立ちはだかる。地震計、中でも、地震をいち早く感知するための海底地震計の設置には多額の費用が必要である。

日本では南海トラフ沿いの海底地盤に地震計が多く設置されている。設置費や維持費は国費によって賄われている。スマトラ島で、このような地震動観測網を早期に整備することは難しい。加えて、住民への警報や注意報をどのように伝達し、早期避難を促すのか。日本では、気象庁からの警報や注意報がテレビ、ラジオ、インターネット、地域の防災無線などを通じて住民に伝達される。スマトラ島で同様のシステムを短期間で構築し、運用を開始するのは至難である。

▽人工衛星活用を提案

日本の津波警報システムは、海底地震計と海岸近くに設置された地震計が地震の揺れを感知すると、複数の観測点の揺れの大きさから、震源域の位置と広がりを推定し、マグニチュードを算定する。データベース化されている情報をもとに、津波の沿岸への到着時間と海岸線における高さを予想する仕組みになっている。

地震のマグニチュードから海底の隆起量あるいは沈降量を算定し、これを波源として、津波の伝播《でんぱ》解析により、沿岸への到達時間と津波高さを推定する方法もある。この方法に比べると、情報を蓄積したデータベースを活用する方法は津波の警報発令までの時間を大幅に短縮できる。その分、住民に避難する時間を与えることが可能になる。

津波の高さは、海岸線近くの海底地形によって大きく左右される。データベースを生かす方法では、日本沿岸の詳細地形に応じた津波の高さに対する影響が組み入れられている。海岸線の地形が測量によって正確に把握されているからだ。これに対し、スマトラ島の西海岸における海底地形に関する情報は、必ずしも十分得られてはいない。「国境なき技師団」はこれらを考慮して、海岸線における地震動情報の伝達に人工衛星を活用した津波警報システムを提案した。

▽人工衛星とモスク

地震発生をいち早くキャッチするため、スマトラ島の西海岸に沿って地震計を増設、整備する。地震計の設置には多額の費用が必要となるため、「国境なき技師団」の支援だけでは実現は難しい。財政的支援を受けられるように日本政府や国際協力機構（ＪＩＣＡ）などの機関に働きかける。地震計の管理は海岸線に位置する自治体が責任を持つ。

インド洋で地震が発生した場合、海岸線に設置された複数の地震計が揺れをキャッチする。この揺れを、人工衛星を通じて津波警報センター（仮称）に送信し、地震の震源位置とマグニチュードを自動的に推定する。津波警報センターはジャカルタなど大都市部に設置する。マグニチュードと震源位置から津波の到達時間と海岸線での津波高さを推定し、津波来襲を放送局などへ連絡するとともに、再び人工衛星を通じ、地域のモスクに連絡する。

イスラム社会ではモスクは集落ごとに建設されている。モスクの尖塔であるミナレのスピーカーを通じて津波警報を地域住民に伝達する。モスクからは一日に5回、コーランの一節が流され、住民はこれに合せて礼拝をする。モスクを経由して津波警報を直接住民に伝達するという方法は、イスラム社会の住民の生活様式を生かしたシステムであると思われた。モスクは地域にとって極めて重要な建物であり、ほとんどの場合、町の中心部に位置している。スマトラ沖地震・インド洋津波では、モスクの多くが津波に耐え、避難した住民の多くの命を救った。モスクを避難所と位置付けて食料や生活用品を備蓄すれば、災害後の住民救済に絶大な効果を持つと考えられた。

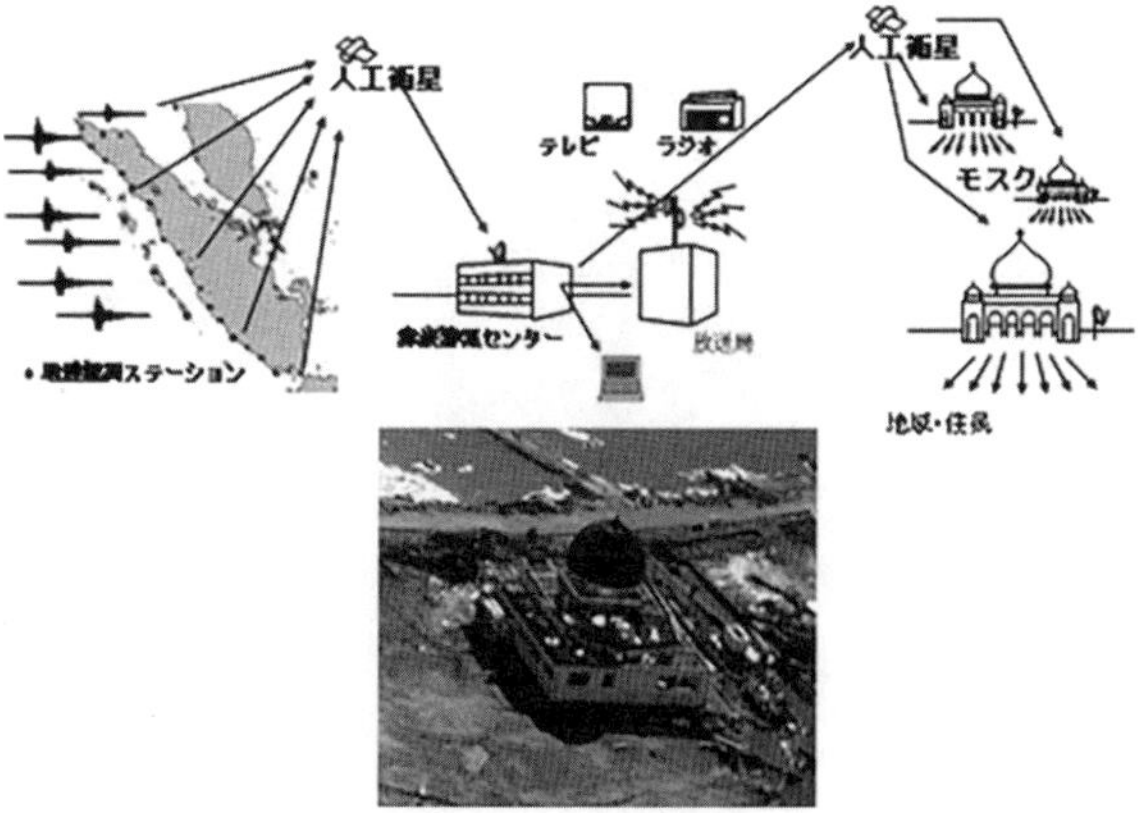

「国境なき技師団」が提案した津波警報システムのイメージ

インドネシア政府の関係者やスマトラ島の自治体へ、機会あるごとに津波警報システムの整備を訴えてきた。実現の見通しは依然、立っていない。日本とインドネシアの協力関係の中でぜひ推し進めたい。

（早稲田大学名誉教授）

〈4〉パキスタンで留学生が活躍

「国境なき技師団」元理事長　小長井一男

２０１０年5月23日。米カリフォルニア州にあるサンディエゴ国際空港の入国審査の列に並んだ。やがて私の番になった。パスポートのページをめくりながら、入国審査官同士がヒソヒソ話し込んでいる。審査官は別室に来いと手招きする。何事かと思ったら「なぜこんなに頻繁にパキスタンを往来しているのか」と尋ねる。ちょうど1年後、米同時多発テロを主導したとされるウサマ・ビンラディン容疑者が米軍の手で暗殺されるのは、パキスタンの首都イスラマバードの約60キロ北東のアボッターバードである。

▽怪しい人物？

パキスタン大使館発行のシングルビザやマルチプルビザが、私のパスポートに何ページにもわたって貼り付けられていた。怪しい人物だと思われたに違いない。実は渡米する1カ月前にもパキスタンを訪ねていた。かばんの中身を出してくれと求められ、講演資料を机の上に広げた。渡米の目的はサンディエゴで開かれる地盤・地震工学の国際会議への出席。震災復興に活用する最先端の計測技術をテーマに講演する。2005年10月にパキスタンとインドにまたがるカシミール地方で起きた大地震の被災調査でパキスタンをたびたび訪問していることを懸命に説明した。

審査官を相手にまるまる講義一つをやったような気がした。怪しい者ではないとアピールした末、ようやく理解してもらった。審査官は「アメリカ合衆国へようこそ」と言って、私の肩をたたいた。

滞在先のホテルで、地震被害の調査で知り合った米国やカナダの友人に入国審査の一部始終を話した。「それは災難だったね。ところで何回パキスタンに行ったの？」と問われたが、即答はできなかった。後で調べると12回に達していた。

▽土砂ダム決壊

サンディエゴの会議の1カ月後にもパキスタン訪問を計画していた。なぜなら、会議の3カ月以上前に、パキスタン北部地震でできた約8000万立方㍍の土砂ダムが決壊したからだった。1カ月前の現地訪問も決壊に伴う緊急調査のためだった。土砂ダムは「国境なき技師団」が動態を注視し続けていた天然ダム。決壊の予兆を把握していた。ただ、こんなに早く決壊するとは思わなかった。専門家として決壊の影響をいち早く調べなければならなかった。

2005年10月8日に起きたパキスタン北部地震は悲惨だった。マグニチュード7・6の大地震。日本でも知られるジェーラム川に沿った東側の山腹に断層が現れた。インドとの間で領有権を争うカシミール地方のアザド・カシミール特別州の州都ムザファラバード近郊は、断層の縦ずれが4～6メートルに達した。山体の崩壊により、ドロマイトを主体とする白い巨大な山壁が露出した。国際移住機関（ＩＯＭ）によれば、死者はパキスタン側だけで約7万5千人に達した。被害の多くは、泥や石を組み上げた家屋の崩壊や、断層沿いに集中した土砂崩壊が原因とされた。悲しいことに、子どもへの被害が集中していた。ムザファラバード市長のサヒド・アミン氏（当時）は二日間一睡もせずに、大破した市庁舎の敷地で震災後の対応や被災者の救援に追われた。夫人は崩壊した土砂の直撃により自宅で亡くなった。

アミン氏からの聞き取りを踏まえ、在パキスタン日本大使館、国際協力機構（ＪＩＣＡ）パキスタン事務所、調査を全面支援してくれた飛鳥建設のイスラマバード事務所、アザド・カシミール州復興庁などの協力を得て、「国境なき技師団」の活動目標を次の四つに絞った。

1　ムザファラバード市背面の山体崩壊斜面から複数の渓流沿い付近に至る土石流の危険度・影響調査

2　ムザファラバード市の危険地域に残る住居の移転候補地調査

3　ムザファラバード市から約40キロ南東の山中に出現した土砂ダム（約8000万立方メートル）の変形・安定性調査

4　子どもたちへの防災教育

▽留学生の参加

これらの活動には、東京大学大学院博士課程に留学中の社会基盤学専攻のパキスタン人学生二人も加わった。

ムザファラバード市は、二本の川が合流する地点の段丘上に広がる約10万人の街だ。ジェーラム川とニーラム川。流路は周囲の構造線に沿う造山運動に大きく影響されている。地震断層も構造線に沿っている。街並みの東にそびえるドロマイト主体の山々はこの断層の活動によって6m近くも持ち上げられた。随所でむき出しになった白灰色のドロマイトの斜面から、雨が降るたび、崩積土が渓流に流れ込み、下流の市街地に達する。渓流沿いの多くの家屋が1階部分は土砂で埋まっている。地殻変動と土石流の関係の解明がパキスタン人留学生の一人の研究テーマになった。もう一人のパキスタン人留学生と共に2周波GPSの受信機を背負い、1200～1300㍍の源頭部から標高750㍍程度の市街地まで、渓流河床の標高を計測していく。モンスーンの前後で流下土砂によって河床レベルがどう変化するのかを調べるためだ。炎天下の調査は体にこたえた。

2008年11月の調査には、砂防・地すべり技術センターの近藤浩一氏（当時・専務理事）が現地調査に同行した。「じゃかご」とも呼ばれる治水資材の「ふとんかご」を用いて石積砂防堰堤《えんてい》を作る場合は「水叩き」の構築をしっかり実行するようにと手書きのメモを使って指導した近藤氏。「水叩き」は、砂防ダムの下流部で越流水が落下する部分のことを指す。砂防堰堤の前底部の洗掘を防ぎ、堰堤を安定させるためには欠かせない。それから5年後の2013年10月、かつて1階部分が埋まった沢筋の民家付近は景観がすっかり変わり、渓谷を埋めていた土砂は消えうせていた。砂防堰堤の効果は絶大だった。一つ残念だったのは、近藤氏が指摘した「水叩き」が適切に構築されていなかったことだ。堰堤を越流した土石混じりの水が、ダムの基礎部分の河床を大きくえぐり、堰堤は沈下していた。復興事業に対し「国境なき技師団」が、長期にわたって継続的にアドバイスを続ける難しさを痛感した出来事だった。

▽土砂の怖さ

パキスタン北部地震で亡くなった人の3割が、土砂災害の犠牲だったとされる。土砂崩壊の結果の一つが、先に触れたムザファラバード市から約40㌔南東のハティアン・バラ山中に出現した土砂ダムだ。崩壊した土砂の源頭部から土砂が乗り上げた対岸の山腹までの距離は約2・5㌔。堆積した土砂の幅は1・5㌔、総量約8000万立方㍍と推定される土砂。そこに約1000人の住民と多数の家畜が埋まった。この土砂ダムはジェーラム川の二つの支流をせき止め、二つの湖を出現させた。そのうち一つの堰止湖の規模は大きかった。地震直後には崩壊した土砂頂部を掘り下げ、急ごしらえの放水路が造られた。

土砂ダムは一般的に、その規模に対し水をたたえる量が少なければ容易には決壊しない。集水面積A（㎡）と土砂高H（m）を乗じた値を、総土量V（㎥）で割った指標をＤＢＩ

（Dimensionless Blockage Index）と言う。この指標が2・75以下であれば、経験的に決壊することはないといわれている。この土砂ダムのケースではDBIは1・85と試算された。「ダムは遠い将来までそのまま残るだろう」という楽観的な見通しが専門家の間に広がった。

当初、さまざまな国や機関から調査団が崩壊現場に入ったが、このような楽観的な見通しもあり、現場はやがてくしの歯が抜けるように静かになった。川の下流部のムザファラバード市で復興事業に関わる「国境なき技師団」が計測のため定期的に現地を訪れるようになった時は、現場に他の調査団の姿はなかった。

▽惨事の兆候

崩壊現場に変化が現れ始めたのは、地震から3年がたった頃だ。2008年11月から09年6月にかけ、浸食による浅い谷（ガリー）が土塊の下流部側斜面に形成されていることを確認した。流れ出ている水の性質（重水の比率）から、ダム湖から来ていると推測することができた。土砂全体を広く覆っていた泥岩の巨礫《れき》も寒暖と乾湿の繰り返しでぼろぼろになっていった。「いずれ大変なことが起こるかもしれない」。嫌な予感が脳裏をかすめた。パキスタン人留学生の一人が調査・研究に積極的だった。「もし土砂ダムが決壊したら、どのくらいの幅の土砂が削られ、流されるだろうか」「段丘面上に広がる下流の村落のどこまでが、水をかぶるだろうか」。検討結果を論文にまとめて国際学術誌に投稿するとともに、ムザファラバード市の復興局を訪ね、予測結果を伝えた。

2010年2月9日、ダムは決壊した。薄雪に覆われた土砂ダムは深くえぐられ、黒々としたむき出しの谷が現れた。下流部の低位段丘面上の村落は、留学生が予測した通り、土石流の直撃を受けた（写真参照）。少年一人が巻き込まれた。私たちの情報が住民の早期避難に結びつき、人的被害の軽減につながった。

パキスタン人留学生の二人が東京大学で研究することになったのは、パキスタン北部地震をきっかけに日本留学に応募したからだ。二人の活動で忘れられないことがある。現地調査の傍ら、2008年11月に女子校で実施した「防災教育」だ。国際協力機構（JICA）の支援で再建された現地の女子校で、午前中は防災をテーマに先生たちに講義。午後からは先生たちが講義で学んだことを子どもたちに教える「防災教育」を実践した。日本で歌われている防災ソングをパキスタンの国語であるウルドゥー語に翻訳し、分かりやすく楽しい内容になっていた。日焼けして眼光が鋭くなった留学生の二人が子どもたちと目を細めて語らう光景は忘れられない。

私のパスポートに残るパキスタンからの出国印は2013年10月11日が最後だ。パスポートが更新されて以来、米国の空港で入国審査官にとがめられることはなくなった。

（東京大学名誉教授）

天然ダム決壊の土石流で洗堀されたハティアン・バラ付近の低位段丘面（2010年６月６日、筆者撮影）

〈5〉 日中友好の四川大地震支援

「国境なき技師団」会長　濱田政則

中国の四川盆地とチベット高原の境界に位置する龍門山断層の中央部が2008年5月12日、250キロにわたり破壊し、マグニチュード8・0の地震が起きた。中国当局の発表によれば、死者約7万人、行方不明者約1万8千人、倒壊家屋530万棟以上の被害に上ったとされる。

地震はインド洋、インド、チベット、および中国内陸部に広がる広域の地殻運動によって発生した。インド洋のインド・オーストラリアプレートが年間60プラスマイナス10ミリの速度で北上し、インド大陸を北へ押し上げている。チベット高原はインド大陸の動きによって北東に押し上げられ、時計方向に回転しながら中国四川盆地に至っている。四川盆地とチベット高原の境界に形成されたのが龍門山断層である。インド洋のインドプレートが北へ移動していることが地震発生の遠因である。インド・オーストラリアプレートの北方への移動は、世界の屋根ヒマラヤ山脈を造り出したことでも知られている。

▽貝類の化石

筆者は土木学会の調査団の一員として、地表に出現した断層（「地表地震断層」と呼ぶ）の動きと、これによって被害を受けた橋りょう、トンネル、建築物の被害の状況を調べた。チベット高原で崩壊した山の斜面に貝類の化石を多く見つけることができた。チベット高原がもともとは海底であったこと、地球を覆うプレートが動くことで地震の原因となっていることを改めて認識した。

同じことを、エジプトのナイル川流域にある「王家の谷」でも経験したことがある。早稲田大学で同僚であった吉村作治教授（当時）に依頼されて、早大グループが発掘を担当しているアメンテプス2世の地下墳墓の壁や柱の補強工法に関する調査をした時のことである。「王家の谷」より坂道を登って屋根にたどり着き、谷全体を見渡せる場所に腰を下ろした時、足元にハマグリに似た貝の化石がごろごろと落ちていた。太古の昔、ナイル川流域も海底であった証しであった。

四川大地震の震源域が山岳地帯であったため、斜面の崩壊と、崩壊した土砂が川の流れをせき止めて出来るせき止め湖、断層の交差による建築物やトンネルの破壊、橋桁の落下が多数起きた。四川省の省都である成都などの都市部では、ブロック積みやレンガ造りの建物が倒壊し多くの人命が失われた。

▽防災技術の日中友好

地震防災分野では、日本と中国は協力関係を維持している。早稲田大学も中国から多くの学生を受け入れており、卒業生の多くが中央政府や地方政府で主要な地位に就き活躍している。土木工学、建築学の分野を学ぶ中国人留学生も多く、中には日本の設計技術や補強技術を習得して帰国し、中国の地震工学分野で指導的立場になった卒業生もいる。その中の一人が成都市にある西南交通大学教授の何川博士で、大学で要職に就いている。

何川博士は、四川大地震の直後から、日本の研究者と実務者らに協力を呼びかけ、日中共同による被害調査と被害原因の究明、復旧方法の検討を進めた。土木工学や建築学、地盤工学の関係者らで構成されたのが、土木学会と日本建築学会を中心とした被害調査・復旧チームだった。「国境なき技師団」も主要メンバーとして、チームに加わった。

チームが最初に取り組んだのは、被害を受けた建物や橋りょうの復旧だった。完全に崩壊した構造物は被害要因を検討するだけにとどめた。その一方で、復旧工事により原型に戻せる可能性のある構造物については復旧の方法を中国側技術者と協議し、その内容を構造物の管理者や所有者に報告した。その際に心がけたのは、日本の経験や教訓を伝え、生かすことだった。

1995年の阪神・淡路大震災では、一部倒壊した建物や半壊した構造物はまず復旧工事をし、原形復帰させて再び使用できるようした。これらを中国側に伝え、代表的な構造物をいくつか選んで復旧計画を立てた。その一つが次の写真の6階建てコンクリート建物である。

1階部分の柱と梁《はり》の接合部が破壊され、強い余震が起きれば倒壊は免れない。補強の方法は、柱を鋼板によって巻き立て、鋼板と破壊したコンクリートの間に新たにコンクリートを充填《じゅうてん》する方法である。阪神淡路大震災における集合住宅の復旧や、新幹線の高架橋コンクリート柱の耐震補強に用いられ、実物大の実験により効果が確認されている信頼性の高い工法である。日本で開発された復旧工法が、震災被害を受けた海外の構造物の復旧に活用された画期的な事例となった。震災で被害を受けた構造物を復旧してきた経験が豊富な日本には、このほかにも、特筆すべき復旧技術が次々と開発されている。これらを平時より世界に、特にアジア諸国に移転していくことが極めて重要である。

日中共同作業で復旧計画を策定した鉄筋コンクリート6階建てアパート。1階の柱と梁の接合部が破壊され、建物が大きく変形したが倒壊には至らなかった。1995年の阪神・淡路大震災では同様の被害が多発した（2008年5月29日、筆者撮影）

地盤工学、地震学、地震工学の3分野における日中合同の特別講義が２００８年5月、西南交通大学で開かれた。日本の土木工学と建築学の耐震技術を、四川省を中心とした中国の若い技術者と学生に伝えるのが狙いだった。

特別講義の主要テーマは①断層・地震・地震動　②建物の耐震設計・耐震補強　③橋・盛土など道路構築物、ダム・トンネルの耐震補強技術　④地盤の液状化対策工法、斜面の安定設計法と対策工法――であった。

▽短いＪＢＩＣの支援

特別講義をきっかけに中国政府の後押しを受け、西南交通大学の構内に中国西部では初めてとなる「耐震工学四川省重点研究室」が設立され、さまざまな実験施設が整備された。日本の大学にはない大型で高性能の実験施設も含まれている。

特別講義の実施を理由に国際協力銀行（ＪＢＩＣ）を通じ日本政府の財政的支援を受ける

西南交通大学で開かれた四川大地震をめぐる日中合同の特別講義。日本から10人、中国から100人が参加した（2008年５月31日、筆者撮影）

ことができた。筆者らのグループによる成都の活動を報道で知り、「ＪＢＩＣとして支援したい。講師の旅費、宿泊費はＪＢＩＣが負担する」という申し出があった。成都での地震工学に関する特別講義は中国南西部の大学の若手研究者や学生らを対象としていたこともあり、初めは数年にわたり継続する計画だった。

ＪＢＩＣによる支援は1年で打ち切られることになった。ＪＢＩＣの担当者の話によれば、打ち切りの理由は、地震が発生した２００８年度には四川大地震に対するＪＢＩＣの支援プログラムが計画されていなかったため、１年間だけ土木学会や「国境なき技師団」の活動をサポートすることになったという。翌年度からはＪＢＩＣ独自のプログラムを実行するため、特別講義は支援できないと通告された。09年度の特別講義は内容を大幅に縮小して実施せざるを得なかった。中国の大学と日本の研究者の間に連携関係が築かれ始めていただけに残念であった。

（早稲田大学名誉教授）

第三章　立ち上がる学生たち

〈1〉 子どもたちに防災教育を

早稲田大学出版部

▽市民の工学

「シビルエンジニアリング」と言われても、多くの人はピンとこない。「土木工学」の英訳と説明されてもよく分からない。神奈川県庁に勤める板井浩樹氏（38）は「国境なき技師団」の設立を進めている濱田政則・早稲田大学創造理工学部教授を通じて、言葉の深い意味を理解した。15年以上前のことだ。「シビルエンジニアリングとは、市民のための工学である。私たちの研究成果は市民にいつでも還元されなければならない。私たちの研究は市民に本当に役立っているのか。それを自問するところからシビルエンジニアリングは始まる」。そう語る濱田氏は、修士課程1年だった板井氏の指導教授だった。英語のシビル（ｃｉｖｉ

1）は「市民」を意味する。

防災先進国と呼ばれる日本の研究・教育拠点である早稲田大学創造理工学部の社会環境工学科と京都大学工学部の地球工学科で2005年5月、開発途上国の防災教育に貢献したいと立ち上がった学生グループがある。「早大防災教育支援会（WASEND）」と「京都大学防災教育の会（KiDS）」だ。メンバーは、土木学会の巨大地震災害対応特別委員会に所属した濱田氏と清野純史・京都大学教授（当時は助教授）の教え子たち。板井氏はWASENDの創設メンバーの一人だった。

両学科は「すべては人々の幸せなくらしのために」「生活を支える社会資本の整備や防災に関する技術と知識を学ぶ」の目標をそれぞれ掲げる。

学生グループ結成のきっかけは、2004年12月と翌05年3月のスマトラ沖地震を受け、土木学会が現地に派遣した防災教育支援チームに濱田、清野の両氏が名前を連ねていたからだった。両氏は地震防災工学と地震工学を専攻しながら、現地調査を通じて「地震や津波から命を守るには防災教育が欠かせない」ことを痛感した。「地震や津波に関する子どもたちの理解や認識が極めて低く、このことが恐怖感を大きくし、トラウマの解消の障害となっている」と、防災教育支援の開始を周囲に強く働きかけた。その結果、土木学会は両氏を含む四人を05年4月中旬に1週間の日程でインドネシア・スマトラ島のバンダアチェ市に派遣した。四人は、後に設立される「国境なき技師団」の理事を全員務めることになる。

これらの動きが、感性豊かで使命感のある学生たちを刺激しないわけはなかった。

濱田氏らの防災教育支援チームは、教材を日本で調達することから始めた。インドネシアの教育事情を踏まえ、地震と津波から命を救う方法を、そして災害発生のメカニズムを分かりやすく伝える必要があった。現地の子どもたちの集中力を高めるために、視聴覚教材が欲しい。できればインドネシア語に翻訳できる教材がいい。学習研究社（現・学研ホールディングス）が、防災をテーマにしたビデオや絵本、紙芝居の提供を申し出た。次に山口大学の教員らが、自ら制作した防災アニメの使用を快諾。飛島建設は、被災地でも視聴覚教育ができるようにとパソコンを手配した。これら視覚と聴覚に訴える教材の確保は、やがて、学生グループによる防災教育の中で重みを増していく。

▽１００年後を見据え

４月13日夕、防災教育支援チームが最初に訪ねた社会福祉施設（孤児院）では、学習研究社の防災ビデオ「稲むらの火」を小学生から高校生までの約１００人が食い入るように見た。「稲むらの火」は長さ16分。江戸時代後期にあった安政南海地震で、津波の襲来を予感した庄屋の五兵衛《ごへい》が危険を知らせるため、大切な稲むらに火を付け、村人を安全な高台へと導いた実話をまとめた小泉八雲（ラフカディオ・ハーン）の作品をアニメ化した。

14日は国立第３高校の一部のクラスで英語による防災の授業をし、次の国立カルティカ第19小学校では「稲むらの火」のビデオを４００人の児童に見てもらった。15日は国立第２中学校、テント生活を強いられている内陸の国立第１プカンバダ高校を訪ねた。最終日の16日に訪ねた国立第1小学校での体験は、四人にとって忘れられないものに。「児童の歌で出迎えを受けた。津波で親を亡くした児童が涙ながらに体験談を語る姿には言葉を失った」と口をそろえる。

四人は帰国後すぐに活動報告をまとめ、土木学会誌（2005年6月号）に掲載された。報告の最後にはこうある。

> 現在、UNICEFやOISCAなど、国連やNPOとの協働による防災教育推進の話も進めており、今後も対象地域を拡大しながら支援活動を積極的に継続していくつもりである。
>
> 今回、われわれの授業を受けてくれた児童・生徒は3000名以上にも及んだが、バンダアチェ市全体からみれば微々たる数であろう。しかし、何十年、あるいは百何十年先に、この子供たち、あるいはその子供たちから第2、第3の五兵衛《ごへい》が出てくれればこれ以上の喜びはない。

大津波で家族すべてを亡くし、孤児院で生活を送っている少女が言った言葉が、残滓《ざんし》のように重く残っている。この言葉は忘れてはいけない、と思う。

「日本では、200年も前にこのような悲惨な経験をしているのに、その経験をなぜもっと早く私たちに伝えてくれなかったのですか。」

「なぜもっと早く私たちに伝えてくれなかったのですか」との言葉は、防災を学ぶ学生に強い響きをもって迫った。

▽100人が手を挙げる

「僕にもきっとできることがあるはずだ」。板井氏と同じWASENDの創設メンバーの北島功氏（36）は、早稲田大学社会環境工学科に在籍していたものの、所属先は濱田氏の研究室ではなかった。「スマトラ島の子どもたちを救おう」と呼びかける会員募集のビラを大学構内で見たのは大学2年生の5月だった。「スマトラ沖地震で被災した子どもたちのことを知った。濱田先生の呼びかけで、子どもたちの命を守ろう、救おうという声が学生の間に広がり、100人ほどが参加に手を挙げた」と振り返る。

WASENDが設立され、約100人の学生が小学生担当、中学生担当、高校生担当と三つの班に分かれた。夏休み中の被災地入りを目指し、教材集めから避難訓練を含む防災教育の練習まで準備に追われた。板井、北島の両氏は中学生の班だった。「人の役に立てる」という活動は、疲れを感じさせず、楽しかった。最大の課題はインドネシア語だった。日本語の教材をインドネシア語に翻訳しなければ、現地で役に立たない。インターネットの人口普及率が7割前後に達したといわれた当時、インドネシア語のできる学生をインターネットで探し、電子メールを出し続けた。唯一の返事は、大阪外国語大学（当時）のサークルからだった。

「バンダアチェを中心に活動をしていると言っていた。バンダアチェに行った大阪外大の彼ら。バンダアチェにこれから行こうとしている早稲田の僕ら。同志のような感情が芽生えた」と北島氏は言う。日本語の絵本も、パワーポイントで作った日本語の防災資料も大阪外国語大学の学生たちはたちまちインドネシア語に翻訳してくれた。

インドネシアの被災地へ行ける学生は、渡航費用の壁があり、100人中12人だった。各班4人ずつ。誰が行き、誰が残るのか。「他薦投票制」を採用した。「行きたい人」よりも「行かせたい人」を選ぶという、極めて民主的な方法だった。板井、北島の両氏は運よく選ばれた。

日本の学生グループによるインドネシア初の本格的な防災教育は、2005年9月11日から約1週間の日程で実施された。WASENDとKiDSはほぼ同じ日程で活動し、バンダアチェ市では交流を重ねた。

順風満帆とは言えなかった。失敗もあった。集合時間に遅れるメンバーがいた。インドネシア入りしてからも、旅行気分が抜けないメンバーがいた。リーダーがミーティングで「真面目にやってください」と泣きながら訴えることもあった。

▽献身的な協力

それでも学生たちが、準備した教材を使って防災教育を実行できたのは、コーディネーターと通訳を務めた飛島建設インドネシア事務所の鈴木智治氏（2020年5月逝去、享年74）とその長女、乃里子さん（49）の献身的な協力があったからだ。北島氏らが訪ねたバンダアチェとメダン両市の中学校と大学の計7校はすべて、鈴木氏が段取りを付けた。移動の手段から食事、宿泊先まで手配した。訪問先の中学校で生徒から質問を受け、講師の学生が答えに窮すると、鈴木氏がすかさずインドネシア語で助け船を出した。板井氏は終始穏やかだった鈴木氏と乃里子さんに対する感謝の言葉を繰り返す。「命を守り、命を救うには生半可な知識や間違った情報を伝えてはいけない。正しい情報を真剣に過不足なく伝える。それが国境なき技師団とWASENDの使命であることを智治さん親子から学びました」

北島氏には懸念があった。インドネシアにおけるWASENDの防災教育継続と地元団体との協力・連携についてだった。鈴木氏に一つの提案をしたことを北島氏は覚えている。

「1回のお祭り騒ぎにしてはいけないと思ったからです。インドネシア国立アンダラス大学の工学系学生らでつくる団体、ＫＯＧＡＭＩと現地で知り合いました。彼らとこれからも一緒に活動したいと訴えました。現地の学生が現地の人のために活動することは、かけがえがないと感じていました。智治さんはそれを受け止めてくれました」

ＷＡＳＥＮＤは「国境なき技師団」が創刊した会報（２００７年1月）に「ＫＯＧＡＭＩ」について報告した。抜粋して紹介しよう（一部表現を改めた）。


２００５年9月、京大防災教育の会（ＫｉＤＳ）と初めて、インドネシア・スマトラ島の被災地で防災教育活動を行った。防災教育を継続していく重要性を改めて深く感じるとともに、子どもたちの素敵な笑顔がインドネシアの未来を明るいものにすると確信した。06年3月、ＫＯＧＡＭＩと活動を行った。現地の大学生と共に活動を行うのは、私たちが日本へ帰ってからも防災教育活動を続けてもらうためである。ＫＯＧＡＭＩと一緒に5日間防災授業を行った結果、信頼関係が生まれ、私たちは姉妹グループとして、今後おのおの場所で防災教育活動を継続すること、教材の交換、教育内容の情報交換をしていくこと、そして何よりたくさんの子どもたちの笑顔に会えるよう協力していくことを約束し合った。

２００６年9月、スマトラ島における地元学生の活動をジャワ島に伝えるため、ジョグジャカルタでＫＯＧＡＭＩとＵＧＭ（インドネシア国立ガジャマダ大学で地質工学を専攻している学生）と防災教育活動を行った。一般的な地震・津波のメカニズムについてはＷＡＳＥＮＤ、ＫＯＧＡＭＩが、ジャワ島地震のメカニズムについては現地のＵＧＭの学生が担当というふうに、それぞれの持ち味を生かすことができた。現地の大学生との共同活動は、防災教育を継続することにおいて重要な役割を果たす。コラボレーションが生み出す相乗効果は大きい。春に防災教育活動を行った時よりもＫＯＧＡＭＩの防災教育の意識ははるかに高くなっており、自主的に防災教育活動を行っていた。

ＷＡＳＥＮＤとＫＯＧＡＭＩの協力は、土木学会が注目し、２００６年度の土木学会会長特別委員会報告書に盛り込まれた。「２００６年３月および９月に西スマトラ州パダンおよびジョグジャカルタを対象に継続的な防災教育活動が実施された。これらの一連の活動の中で、インドネシアの学生団体との協定が結ばれ、学生会員による活動の輪が国際的に広がりつつある」。紹介の言葉に期待感があふれていた。

▽学生の関心はどこへ

スマトラ島沖地震の発生から時間がたつにつれ、被災地支援への関心は学生の間で潮が引くように薄れていった。アチェ州は地震発生当時、独立アチェ運動（ＧＡＭ）とインドネシア国軍との紛争が続き、震災以前は外国人の立ち入りは制限されていた。震災後に制限は解かれたものの、外国人支援者であってもしばらくの間は、警察当局へ登録したり、現地発行の身分証明書を携帯したりする義務があった。危険な地域とのイメージが広がり、２００６年３月の第２回と同年９月の第３回のインドネシア防災教育支援に学生は集まらなかった。設立から２年目のＷＡＳＥＮＤで代表を務めることになった北島氏は「なぜ、インドネシアに行かないといけないの」「とてもじゃないけど、そこまでできない」との言葉を耳にした。第1回の支援活動から選に漏れた学生や高校時代の友人を誘った。結局、参加したのは5人だった。100人の学生が呼びかけに集まり、マスコミの取材が殺到した半年前の第1回とは状況が大きく変わりつつあった。

それが一つの転機だった。国内の防災教育支援にさらに力を注ぐようになった。目標は月に1回の防災教育出前授業。2006年1月の東京都世田谷区立砧図書館を皮切りに、2月には東京都江戸川区立葛西中学校で空き缶を使ったご飯炊きを紹介。4月の新入生向け防災教育。5月は堀越高校でのイベント参加。7月には横浜市の児童相談所で「津波劇」を披露。8月は東京都主催の「防災展」、横須賀の米軍基地であった「日米防火体験ツアー」への参加。9月、大分市立西の台小学校の体育館での出前授業。10月は東京都八王子市立恩方中学校、11月は徳島県美波町立日和佐中学校、早稲田大学理工展、東京都大田区立開桜小学校、12月は神戸市にある「人と防災未来センター」で企画…。目標は達成できた。

国内活動の手応えを感じたWASENDは2007年、学生グループが連携・協力する「大学生連合」の設立、国際協定の拡大、地域に根付いた活動の進展、新たな教材の開発、サークルとしての存続を新たな課題に位置付けた。

松下文哉氏（30）がＷＡＳＥＮＤに入会したのは２００９年5月だった。早稲田大学創造理工学部の新入生向けオリエンテーションで防災教育に触れた濱田氏に、興味があると伝えた。そのまま研究室へ案内され、入会を即決した。

▽危機

かつてメンバーだった先輩の1人が「中途半端な活動しかできていない。活動は面白くない。もうつぶした方がいいんだ」と松下氏へ説明した。それを聞いた濱田氏は「活動の存続を決めるのは君ではない」とたしなめた。松下氏が同じ新入生に声をかけると、３人が入会した。地道な活動が実り、5年後、メンバーは51人にまで増えた。

２０１０年9月、松下氏はインドネシアで初の防災教育支援を体験した。ＷＡＳＥＮＤから松下氏を含め2人がＫｉＤＳの活動に加えてもらった結果だ。休止期間があったため、ＷＡＳＥＮＤ単独で海外活動をできるノウハウも余裕もなかった。京都大学教授の清野純史氏が引率し、通訳はインドネシア人留学生とOBが務めた。

WASENDのメンバーが目を見張ったのは、現地の子どもたちの関心を引くためにドラえもんの着ぐるみをKiDSのメンバーがまとい、演劇的要素を取り入れ、地震のメカニズムを解説していたことだった。使う言葉はインドネシア語。経験と蓄積の重みを痛感したと松下氏は打ち明ける。以来、KiDSはWASENDにとって、見習うべき兄や姉のような存在になった。

2011年3月の東日本大震災をきっかけに、WASENDは「国境なき技師団」と共同でブックレット絵本『よしはま　おきらい物語』の制作を進め、震災3年後に英訳付き日本語版、続いてインドネシア語版を出版した。過去の三陸地震の教訓を生かして高台に住民が移転した岩手県大船渡市の吉浜地区と、防災教育を通じて児童の避難訓練を徹底していた同市の越喜来地区を取り上げた。両地区は大震災の被害が三陸沿岸では少なかったとされている。制作に当たっては、学生らが大船渡市へ足を運び、避難の様子について小学校の教員から聞き取りをする一方、児童がたどった避難路を歩いた。絵本が好評を博したことから、スマトラ沖地震で孤児となった中学生の実体験を取り上げた第2弾『I am not alone　ぼくはひとりじゃない』を18年8月に出版した。

ＷＡＳＥＮＤが編集を担当するブックレット絵本の活動は、インドネシアの邦字紙「じゃかるた新聞」２０１８年９月13日付紙面に大きく掲載された。ＷＡＳＥＮＤが再出発を果たしてから９年。活動は軌道に乗った。

じゃかるた新聞の許諾を得て、全文を紹介しよう。

津波の経験を絵本で　アチェやバリで学校訪問

防災教育活動を行う早稲田大のサークル、早大防災教育支援会（ＷＡＳＥＮＤ）が２００４年のスマトラ沖地震・津波の被災者の体験を基にした絵本を制作。所属する学生ら12人が８月29日～９月12日に来イし、アチェ州バンダアチェ、北スマトラ州メダン、バリ州の小学校11校を訪問、絵本を手に子どもたちに防災教育を行った。バリでは当初、学校訪

問の予定はなかったが、隣のロンボク島の地震を受けて急きょ実施した。（坂田優菜）

ＷＡＳＥＮＤはスマトラ沖地震・津波をきっかけに、若い人たちへの防災教育を目的に発足したサークル。創造理工学部・社会環境工学科の学生らが中心となって10年以上、インドネシアや日本の子どもたちに防災教育を行ってきた。

3年前、バンダアチェで教育活動を行った際、11歳で被災し家族6人全員を津波で亡くしたワヒュー・ムバラクさんと出会い、その経験を題材とした絵本をことし8月に完成させた。日本語・英語版とインドネシア語版がある。

学校では絵本を読み聞かせ、子どもたちに地震や津波の恐ろしさだけでなく、被害に遭ったときはどうすればいいのかを伝えた。また、絵本計３００冊を小学生や市役所などに寄贈した。

プロジェクターに映し出された絵本を子どもたちは食い入るように見つめ、津波のシーンでは口を押えて驚く子も。生々しい表現は避ける配慮をして作った絵本だが、実際に被災したバンダアチェの小学校の先生の中には、津波の場面で「思い出したくない」と教室を出る人もいた。

04年以降に生まれた子どもたちは、津波のことは知っているが、防災教育は学校のカリキュラムには取り入れられておらず、避難の方法などはあまり知られていないという。

WASEND代表の勝本靖大さん（21）は「学校の先生は防災教育をしたいが、教科書もなく、どういうふうにすればいいのか分からない状況がある」と説明する。訪問の際は、絵本を活用してもらえるよう教員らと話し合った。

絵本は、WASENDの支援や自然災害被災地の復興支援・防災対策を行う非営利団体（NPO）の「国境なき技師団」が発行。国内外の小学校などに寄贈しているほか、1冊500円で販売、WASENDの活動資金に充てている。問い合わせは国境なき技師団（☎＋81・3・3209・5124、メール info@ewb-japan. org）まで。

困難な状況の中で黙々と努力し、社会と人間の安寧・幸福のために尽くした功績がある――として、社会貢献支援財団の主催する2018年度の「社会貢献者表彰」の受賞者にWASENDが選ばれた。推薦の理由は「濱田氏の意志は学生たちに受け継がれ、現在約60人のメ

津波の経験を絵本で

アチェやバリで学校訪問

防災教育活動を行う早稲田大のサークル、早大防災教育支援会（ＷＡＳＥＮＤ）が２００４年のスマトラ沖地震・津波の被災者の体験を基にした絵本を制作。所属する学生ら12人が8月29日～9月12日に来イし、アチェ州バンダアチェ、北スマトラ州メダン、バリ州の小学校11校を訪問、絵本を手に子どもたちに防災教育を行った。バリでは当初、学校訪問の予定はなかったが、隣のロンボク島の地震を受けて急きょ実施した。

（坂田優菜）

早大の防災教育サークル

ＷＡＳＥＮＤはスマトラ沖地震・津波をきっかけに、若い人たちへの防災教育を目的に発足したサークル。創造理工学部・社会環境工学科の学生らが中心となって10年以上、インドネシアや日本の子どもたちに防災教育を行ってきた。

3年前、バンダアチェで教育活動を行った際、11歳で被災し家族6人全員を津波で亡くしたワヒュー・ムバラクさんと出会い、その経験を題材とした絵本をことし8月に完成させた。日本語・英語版とインドネシア語版がある。

学校では絵本を読み聞かせ、子どもたちに地震や津波の恐ろしさだけでなく、被害に遭ったときはどうすればいいのかを伝えた。また、絵本計３００冊を小学生や市役所などに寄贈した。

プロジェクターに映し出された絵本を子どもたちは食い入るように見つめ、津波のシーンでは口を押えて驚く子も。生々しい表現は避ける配慮をして作った絵本だが、実際に被災したバンダアチェの小学校の先生の中には、津波の場面で「思い出したくない」と教室を出る人もいた。

04年以降に生まれた子どもたちは、津波のことは知っているが、防災教育は学校のカリキュラムには取り入れられておらず、避難の方法などはあまり知られていないという。

ＷＡＳＥＮＤ代表の勝本靖大さん（21）は「学校の先生は防災教育をしたいが、教科書もなく、どういうふうにすればいいのか分からない状況がある」と説明する。訪問の際は、絵本を活用してもらえるよう教員らと話し合った。

絵本は、ＷＡＳＥＮＤの支援や自然災害被災地の復興支援・防災対策を行う非営利団体（ＮＰＯ）の「国境なき技師団」が発行。国内外の小学校などに寄贈しているほか、1冊５００円で販売、ＷＡＳＥＮＤの活動資金に充てている。問い合わせは国境なき技師団（☎＋８１・３・３２０９・５１２４、メールinfo@ewb-japan.org）まで。

絵本を寄贈されたバンダアチェの小学生とＷＡＳＥＮＤのメンバーら＝ＷＡＳＥＮＤ提供

じゃかるた新聞の2018年９月13日付紙面（同紙提供）

ンバーが日本国内のみならず、インドネシア、フィリピンの子どもたちを対象に防災に関する教育活動を行っている」だった。

▽多忙な活動スケジュール

ＷＡＳＥＮＤをサポートしつつ、地道な防災教育支援を黙々と続けてきたＫｉＤＳ。インドネシアにおける防災教育支援の活動スケジュールはこんな具合だ。毎年2月に訪問先を決める。3～5月に参加者を募る。6～8月は参加者同士の協力と出前授業予定校との連絡。その間に新活動の提案と議論、現地アンケートの作成、防災劇の練習が予定に組まれている。9月に現地に入る。帰国後は報告書作りに追われる。

関西テレビ（大阪）に勤める馬淵亮太朗氏（25）は京都大学工学部4年生の時にＫｉＤＳに参加した。初めは好奇心からだった。「何を目的に、どんな動機でボランティア活動をするのか」。それを知りたかった。大学で籍を置いていたのは「国境なき技師団」の理事を務める清野純史教授の研究室。指導教授から加入を勧められることはなかった。ボランティア観が変わったのは、2017年9月にインドネシア・南スラウェシ州の州都マカッサルで実施した防災教育支援の活動体験だった。

支援の対象は7つの小学校。主に4～6年生だった。KiDSのメンバーは総勢8人。うち3人はインドネシア人留学生だった。地震と津波のメカニズムを伝えるドラえもんの防災劇をインドネシア語で披露し、のび太の役を演じたところ、児童にもみくちゃにされた。「子どもたちからサインをねだられて、不思議な感じだった」と馬渕氏は振り返る。この年からKiDSは、自前の教材と出前授業の展開をガラッと変えた。防災情報の「間違い探し」をクイズ形式でやり、ドラマとレスポンス、話し合いのパートに分け、内容と流れにメリハリを利かせた。子どもたちの集中力を維持するのが狙いだった。困った時は、インドネシア人留学生と現地の大学生ボランティアがいつでもサポートした。

▽臨機応変に

馬渕氏と一緒に参加した笠井遥さん（24）。翌2018年にKiDSの代表として、スマ

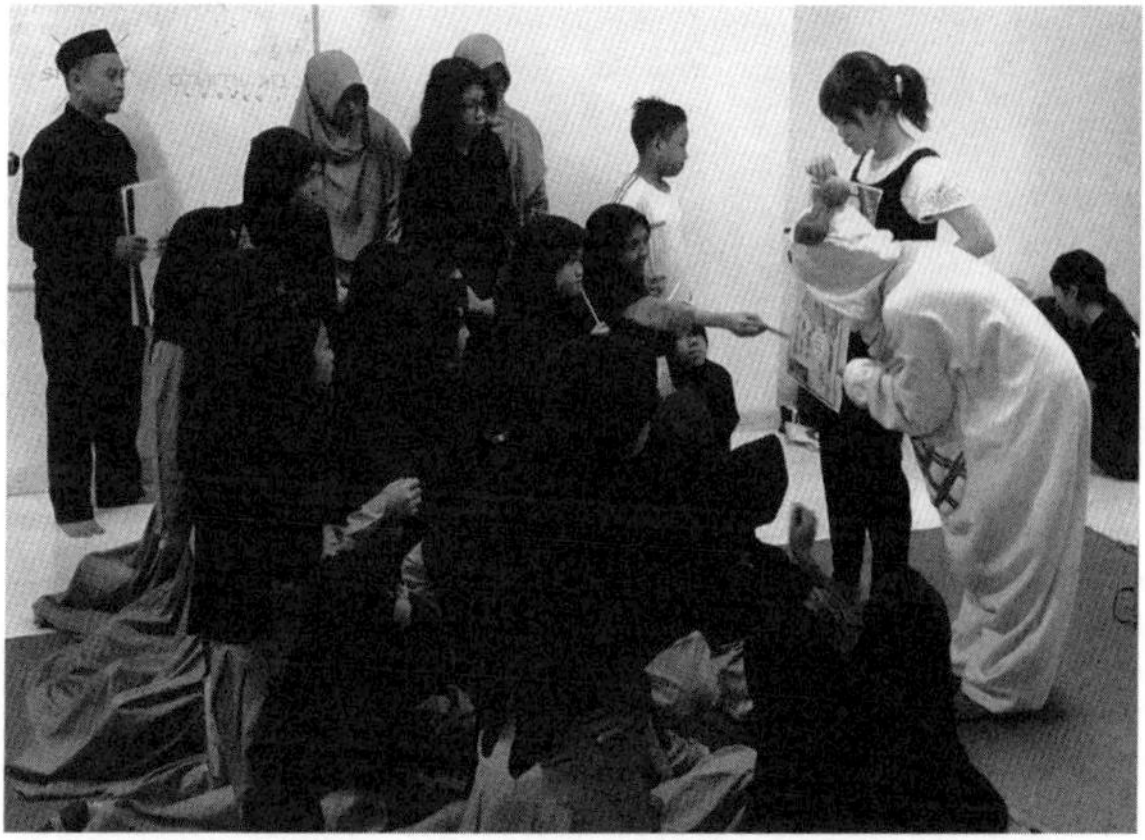

インドネシア・マカッサルの小学校でKiDSの防災教育に聞き入る児童たち（2017年9月13日、馬淵亮太朗氏撮影）

トラ島ブンクル州の州都ブンクルで支援活動をした。8月末から1週間の日程だった。30人前後の児童数なら教室でマイクを使わずに出前授業ができる。100人になるとマイクが必ず要る。授業の参加者が増えれば増えるほど、防災劇も、ゲームも運営が難しいことを実感した。「いつでも、臨機応変にやるしかありません。下見ができないわけですから。それはそれで勉強になりました」。午前は小学校を回り、午後は反省会。メンバーの中に旅行気分を味わう気持ちは全くなかった。「子どもたちが目を輝かせて、真面目に私たちの話を聞いてくれます。私たちも目を輝かせて、真面目に授業をする。命に関わる内容ですから真剣です」と笠井さんは補足する。

馬淵氏と笠井さんが肩を落とす事態が2019年にあった。通訳や現地コーディネートを担ってくれた京都大学のインドネシア人留学生たちが防災教育支援の参加を見送ったからだ。就職活動の準備などが理由だった。05年から続いてきたインドネシアにおける活動が休止に追い込まれた。「日本人の学生だけでは現地で活動はできません。休止はとても悲しい。私は、社会人になってもチャンスがあればいつでも現地で活動したい。そのチャンスがなくなるのは受け入れがたい…」と馬淵氏は落胆する。

地球温暖化に伴う気候変動の影響で、環境問題がクローズアップされ、防災への関心が薄れた。地球温暖化に警鐘を鳴らした「気候変動に関する政府間パネル（ＩＰＣＣ）」とゴア元米副大統領に２００７年、ノーベル平和賞が授与されると、その流れはさらに強まった。環境問題をうたう学生サークルは注目を浴び、防災教育を掲げる学生サークルの人気は下火に。ＷＡＳＥＮＤの活動の盛衰がよい例だ。気候変動による豪雨、台風、猛暑、山火事などを手がかりに、環境問題から防災へアプローチする方法と、逆に防災から環境問題に迫る方法の二つがあっていい。防災と環境は二者択一ではない。さらに教育学を専攻する学生とインドネシア語やタガログ語を専攻する外国語大学の学生との連携が進められていい。足りない資源と知恵は外から提供してもらえばいい。ヒトもモノもカネも同じだ。防災学と教育学と外国語学をそれぞれ専攻する学生が新しい次元で結び付くとき、ＷＡＳＥＮＤとＫｉＤＳは新しい姿の活動を見せてくれるに違いない。

（年齢はいずれも２０２１年２月時点）

インドネシア・マカッサルの小学校で児童に囲まれる馬淵亮太朗氏（2017年９月11日、本人撮影）

〈2〉 ルマンダ君の経験

「国境なき技師団」理事　清野純史

スマトラ沖地震・インド洋大津波の被害調査を実施した後の2005年、早稲田大学教授だった濱田政則先生から声をかけていただき、地震や津波の起こり方、避難の仕方、事前の準備や心構え、日本の「稲村の火」の教訓など、基礎的ではあるが重要な項目を紹介しながら、バンダアチェの小学校や孤児院を回った。その経験から、京都大学の留学生を含む学生を主体とした京都大学防災教育の会（ＫｉＤＳ：Kyoto university Disaster Prevention School）という団体を組織した。

以来、表に示すように、2020年度までのインドネシア訪問によるＫｉＤＳの教育支援活動は15回に及ぼうとしている。ＫｉＤＳメンバーは京都大学の学生が主体で、ほぼインドネシアでの防災教育に的を絞った活動を続けている。京都大学はインドネシアからの留学生も多いため、日本人学生のみならずインドネシア人留学生の参加も得て、毎年10人程度のメンバーで活動を続けている。始めの頃はできるだけ多くの学校を回り、できるだけたくさんの生徒と接することができるようにかなりタイトなスケジュールを組んできた。しかし、インドネシアでボランティア活動を続ける学生には、支援活動に没頭するだけではなく、インドネシアの文化や生活に触れ合う機会も必要であり、それ自体もＫｉＤＳの大切な目的であると私自身も考えるようになった。インドネシアで防災教育を行うならば、やはりインドネシア語で直接子どもたちに伝えなければいけないのではないかとの考えから、日本人学生はインドネシア人留学生の指導の下に、今ではすべてインドネシア語による支援活動を行っている。

メンバーは毎年数人が卒業するため、その補充のためのリクルートが一苦労ではあるが、何とか活動に興味を持ってくれる学生を集めて継続を図っている。

私にとってこの支援活動の原動力は二つある。一つは冒頭で述べた津波で身内を失った子

訪問期間	訪問場所	目的
2005.04.12～04.17	バンダアチェ	※KiDS設立の契機となった教育支援
2005.09.11～09.15	メダン、バンダアチェ	教育支援①
2006.09.12～09.19	ジョグジャ、バンダアチェ	教育支援②
2007.08.31～09.07	ジョグジャ、バンダアチェ	教育支援③
2008.08.19～08.30	バンドン、ジョグジャ	教育支援④
2009.09.17～09.30	バンドン、バリ、ジョグジャ	教育支援⑤
2010.09.17～09.29	ジョグジャ、バンドン	教育支援⑥
2011.09.20～09.30	バンドン	教育支援⑦
2012.09.09～09.19	パダン	教育支援⑧
2013.09.12～09.26	スラウェシ島、マナド	教育支援⑨
2014.09.16～09.28	ロンボク島	教育支援⑩
2015.09.15～09.26	ジョグジャ	教育支援⑪
2016.08.28～09.09	パダン	教育支援⑫
2017.09.10～09.17	スラウェシ島、マカッサル	教育支援⑬
2018.08.30～09.07	ベンクル	教育支援⑭
2019.09.08～09.16	必要最小限のメンバーが確保できずに中止	
2020（予定）	ムンタワイ島	教育支援⑮

2005年から続くインドネシアにおける京都大学防災教育の会（KiDS）の活動（筆者作成）

どもたちが暮らしている孤児院での活動の後に、わたしたちがある少女から受けた言葉「なぜもっと早く私たちに伝えてくれなかったのですか」であり、もう一つは２００６年にバンダアチェから招聘《しょうへい》した高校生ルマンダ・アディティヨ君の講演だ。前者に関しては、本書の中でも折に触れ出てくるため、ここではルマンダ君が経験したことをぜひ記憶にとどめておくためにもここに記しておこうと思う。この講演記録は、さまざまな形で私たちの活動をサポートしてくれた故鈴木智治氏の長女、乃里子さんがルマンダ君のインドネシア語の講演原稿を日本語に訳してくれたものだ。講演は06年9月23日に土木学会などの主催により、滋賀県で開催された「防災フェスティバル」の一環として行われた。

津波の体験を通して思うこと　～ルマンダ・アディティヨ～

僕の名はルマンダ・アディティヨ（17）です。通常は皆にマンダと呼ばれています。僕は父バッルー・アジス（54）母エルマワティ（54）の間に生まれた5人兄弟の3番目です。僕には兄ルリ・アクバル（22）が1人、姉メリッサ・ウルファ（20）が1人、そして2人の妹ダラ・ミランダ（12）とプトゥリ・ゲウブリナ（10）がいます。僕等はバンダアチェにあるムラックサ郡グルンパン村に住んでいました。

バンダアチェの市民は、通常毎週日曜日は朝から海岸沿いで遊んだり、家族と一緒に余暇を過ごしたりします。12月26日、その日の朝もいつもと変わらず冗談を言いながら朝食をとっていました。7時50分ごろ突然大きな揺れが起こり、僕等は皆その揺れに驚きました。地面は大きく揺れ、建物も左右に激しく揺れました。僕らは一目散に家から飛び出し、庭に生えているマンゴの木に強くしっかりしがみついて落ちないようにしました。揺れは10分ほど続きました。その時僕は沢山の建物が崩れていくのを見ました。今までこれほどの大きな地震を経験したことがなかったため、地元の人たちは皆パニックに陥りました。

地震後、父と母は滅茶苦茶になった家の掃除をしました。妹たちは家の前にあるテラスに座っていました。僕は家が川に傾いてしまった近隣のお手伝いをしました。

僕が家に戻った時、突然再度の揺れが起こりました。僕らは急いで家を出て、先ほどしがみついたマンゴの木へまたつかまりました。地震は長くは続きませんでしたが、でも揺れの大きさは同じくらいでした。妹たちは恐怖のため必死で僕に抱きついていました。

母が僕に、家から２００㍍ほど離れた所にある叔母の様子を見てくるように言いました。急いで支度をしてバイクで叔母の所へ行きました。叔母とその家族は皆庭に集まっていて、先ほど起こった地震について話をしていました。そして僕も皆の話に加わりました。

8時15分ごろ、近所の人たちが突然ヒステリックに叫びながら「海水があがってきている！　海水があがってきている！」と叫んでいました。僕らはとても大きな地響きの音を聞きました。その時皆パニックになり、どこを目指すでもなく散らばりながら、ただひたすら逃げ回っていました。僕は黒褐色で20㍍以上高く盛り上がった波を見ました。急いでバイクの向きを変えて家へ向かいました。人々は皆パニック状態に陥っていたため、道路は大変な混雑で家にたどり着くのも困難な状態でしたが、やっとのことで家に帰りました。バイクをガレージに止め、すぐに走って家を出て既に道路にいた家族たちと合流しました。僕らに向かって来る黒褐色の高い波に皆恐怖でいっぱいでした。

父は二人の妹たちを連れ、母と兄、姉、そして僕はその後ろを追うように必死で逃げました。走りながら僕は僕らの後ろに建っている家が波に飲み込まれていく光景を目の当たりにしました。どこへ向かって逃げたらよいのか分からないので、僕らは他人の庭を突き抜けたりもしました。父は近くにあった一本の果物（ジャックフルーツ）の木に姉や妹たちを登らせました。僕も同じように登ろうとしました。しかし、途中で体の大きな色黒の男の人に着ていた袖を引っ張られ落っこちてしまいました。急いで近くの家に飛び込み、2階へ駆け上がりました。そこで僕は黒褐色の巨大な波がこちらに向かって来るのを見ました。

この世はもう終わりだと思いました。僕はバラバラになってしまった家族を思いました。そうこうしている内に突然波は家にぶち当たり、僕はどこかに投げ出されました。僕の体は真っ黒な水の中にありました。物すごく怖かったのですが自分で気持ちを落ち着かせ、筋肉をリラックスさせるようにしました。あたかもゴム毬《まり》が波にのみ込まれるように、僕の体も骨無しのように波に巻き込まれ流されました。陸地は消え去りすべてが海になりました。その時はおそらく9時ごろだったと思います。すべての水面は黒い海水と木材の破片や瓦礫《がれき》などで覆われていました。

沢山の人が流され、木材や瓦礫の固まりの上や流れの中に多くの死体があるのが見えました。僕は家族を思い浮かべました。特にお母さんはどうしているだろうかと思いました。皆が何とか無事であるようにと心の中で一生懸命祈りました。

僕は泳げません。だから大きな瓦礫の固まりの間で流され続けました。そうこうするうちに、目の前に一本のバナナの木が流されてきたのでそれをつかまえて浮き輪代わりにしようとしました。でも硬くなくて、結局また浮いたり沈んだりして波に流され続けました。

疲れ果てめまいがするほどでした。何時間も水の中で頑張り続け、ようやく浮いていたマットをつかまえることができました。その上に乗っかって手でこぎました。あまり遠くない所に島が見えたのでそこへ向かってこぎました。しかし力尽きただけでなく、乗っていたマットも少しずつ沈み始めたので、また黒褐色の海水と大きな瓦礫《がれき》の間で流されることになりました。

流され続けていると自分と同じ状態の何人かの人たちと出会いました。声をかけあってお互いに状況を尋ねながら、できるなら何とか助けてほしいとも思いましたがそれは無理なことでした。何度も何度も海水に巻き込まれ流されている人々を見ましたが、最後は一人、また一人と沈んでいきました。自分一人さえ助けることができないのに、まして他の人を助けるなど及びもつかぬことでした。

そのうち、バスケットボールが目の前に流されてきたので、それにつかまり浮きにしました。そのボールにつかまって島まで泳ごうとしましたが、干潮で突然潮が引き出したため、また海の真中に放り出されました。もう僕には潮の流れに逆らう力はありませんでした。今度は近くにあった一本の長い竹竿《たけざお》につかまりました。引き潮が終わったころ、再度力を振り絞って島を目指して泳ぎ始めました。

島にいた人が僕に気づき、ドラム缶と綱を使って助けてくれました。ついに島にたどり着くことができました。だけど今自分がどこにいるのかも分かりませんでした。その島にはしるべとなるものが何もなかったからです。あったのは岸に流されて来た大きな瓦礫《がれき》の山だけでした。上陸してから歩こうとしましたが、あまりにも疲れ果て足が固まってしまったようでした。僕を助けてくれた人が、流れ着いた飲物と飴《あめ》をくれました。

突然また大きな地震に襲われ、僕らはパニックに陥りました。津波がまた押し寄せて来たらどうしようかと思ったからです。できるだけ海岸から遠くへ行こうとしましたが、どの方向へ行けばよいのか全く分かりませんでした。しばらくして町に続くと思われる道を見つけました。しかしそこには大きな瓦礫の山があり、通り抜けることが難しいと思われました。

僕らは全員で10人でしたが、疲れ果ててどこへ行くべきかの判断もできませんでした。足の向くまま大きな瓦礫の山を乗り越え、最終的に、とあるイスラム寄宿学校にたどり着きました。そこでは多くの傷ついた人が治療を受けていました。そこにいた人たちがご飯をくれました。僕はおなかがとても空いていたのでむさぼるように食べました。その時見た時計は15時30分を指していました。朝8時20分ごろに流され始めて以来、約7時間海の中で津波に翻弄《ほんろう》されていたのだなあと思いました。

また余震が来ました。僕らは皆で大きな広場に逃げました。そこで兄の友達であるペプノさんに会いました。一緒に行こうと誘われました。どこへ行ったらよいかの当てもなかったので従うことにしました。クタパン方向に向かって8キロ歩き、その夜はそこで寝ました。

夜も余震があり、揺れも非常に大きかったため皆パニックになりながらも、自分たちを守るために警戒を続けました。朝になるまで余震は続きました。ほとんど5分おきに地震がありました。

翌日の夕方、僕らが泊まっていた所の近くで偶然に、人と話している叔父さんに会いました。僕は強く強く叔父さんを抱き締めながら家族の様子を尋ねました。

叔父さんが言うには、お父さんは無事で今はバンダアチェの避難所にいるとのことでした。昨晩までいろいろ面倒を見てくれるとともに、寝る所まで提供してくださった家の方々にお礼を述べて叔父さんと一緒に避難所に向かいました。

そこでぼうぜんとして座っていたお父さんを見つけました。僕は泣きながら走って駆け寄り、お父さんを強く抱き締めました。うれしさが涙と一緒に体を突き抜けました。お父さんと再び一緒になれた幸せを心から感じました。僕を救ってくれたアラーの神様に感謝を申し上げました。兄も無事でした。しかし、一方では本当に悲しいことを聞きました。母と姉と二人の妹が行方不明とのことでした。僕は皆のために祈りました。今日現在まで会うことができないでいます。

現在、僕の家族は三人だけになりました。父と兄と私です。僕らは長期間避難所に住んでいましたが、その後家を借り、数カ月前にバコイ地区にある、援助でできた家に住めるようになりました。

時々僕は思います。もし地震後に津波が来ることを知っていたら……と。十分に逃げる時間があったのですから。そしてあのような波に巻き込まれることもなかったのにと。だけど僕らは津波について全く何も知識がありませんでした。だからあのように数多くの犠牲者が出たのだと思います。自然災害についてどのように対応すべきかの勉強や啓蒙活動は本当に大事だと心から思います。特に僕たちの地元のように災害の多い地域では大切だと思います。僕はいつもこのような悲惨な災害が再び起こらないように、そして僕らの愛する人たちを再び失うことのないようにと祈っています。

もう余計な言葉は要らない。ルマンダ君のような想像を絶する悲しい経験をする人が一人もいなくなるように願いながら、今後も活動を続けていこうと思う。

（京都大学教授）

第四章　東日本大震災とシニア技術者

〈1〉 社会貢献こそ生きがい

早稲田大学出版部

東日本大震災は「国境なき技師団」による国内活動の大きな転機となった。早稲田大学の学生たちが参加する防災教育の活動から、国内の被災地支援へと直接乗り出すことになったからだ。その柱が「シニア技術者」の派遣だった。

きっかけは、技師団の理事である榊豊和氏（78）が震災の2カ月後、岩手県の三陸沿岸を視察したことだった。「三陸沿岸を結ぶ国道45号の周辺はまだガレキが散在していた。高台に建つ大船渡市役所から市街地を見下ろした。町全体に異臭が漂っていた。自然の良港である大船渡湾に沿って市街地が形成されていた。護岸で囲まれた土地には多くの水産冷凍倉庫が並んでいる。津波の襲来で流れ出した冷凍魚は散乱し積み上がり、それが腐蝕臭を放っていたことが分かった」と榊氏は振り返る。

▽技師不足のニュース

企業や自治体を定年退職した技術者が復旧・復興のためにできることはないだろうか。自問自答を繰り返す榊氏は「土木技師足りない　集団移転へ応援職員切望　被災3県」と題する記事を目にした。震災から11カ月を迎えた2012年2月11日付の読売新聞だった。

岩手、宮城、福島3県の沿岸などに位置する42市町村のうち、33市町村が「応援職員不足」を訴えていることを、記事は取り上げていた。

特に関心を引いたのは、その33市町村のうち26市町村で土木・建築系技術者の派遣が大きな課題に浮上していたことだった。被災関係者をたどった。行きついた先に岩手県の大船渡、陸前高田の両市があった。現地で予備調査をした結果、「市民参加の復興」を掲げる地元を支援するには、インフラの復旧が急務であることを知り、シニア技術者に出番があると確信した。

「日本の高度経済成長期に培った土木技術はシニア（団塊世代、年金受給世代）個人に埋もれていると言ってもいい。30年以上もガムシャラに働き、苦闘し、知恵をだし決断してきた土木技術者は、豊富な現場経験と知識そして人脈を併せ持つ。彼らは意気軒高だ。大震災の復興で、国土の建設と海外建設プロジェクトで培ってきた日本の土木技術を生かす必要がある。『最後のお勤め』として、シニア技術者が果たす役割は大きい」。榊氏は早速、大船渡、陸前高田の両市と折衝を重ねた。復旧・復興のための調査、計画、設計、見積もり、施工計画、品質・安全管理に加え、想定外の技術的トラブルについて、シニア技術者の豊富な経験を生かしてほしいと求める市側の期待をひしひしと感じた。大船渡市は２０１２年４月から、陸前高田市は13年5月からそれぞれ派遣の受け入れが決まった。

派遣するシニア技術者の条件は当面、計画・設計・施工の実務に30年以上の経験がある男性とした。一級建築士と一級土木施工管理技士に限定し、派遣期間は3～9カ月。「国境なき技師団」が支払う手当は月額25万円。宿舎と交通費は支給する。榊氏の奔走により、派遣の枠組みができあがるのに時間はかからなかった。

当時の技師団の会報に榊氏は書いている。「派遣技術者はボランティアの気持ちを持たなければ、活動理念は達成できません。与えられる使命は地道な復興支援活動を通じて、町の再生と町づくりへとつながります。そこで私たちＥＷＢＪ（国境なき技師団）は被災地支援を希望する多くのシニアの技術者を求めています。シニアとなった土木・建築技術者の皆さんへ、『もう一度立ち上がってください！』」

大津波に見舞われた大船渡市と陸前高田市は住田町と共に気仙《けせん》地区と呼ばれ、死者・行方不明者は約２２００人に上った。地区住民に親しまれている地域紙の東海新報（本社・大船渡市）は、２０２０年７月11日付紙面で「国境なき技師団」のメンバーである髙橋博光氏を取り上げた。一級建築士の髙橋氏は、技師団が12年から両市に派遣した11人の「シニア技術者」の１人。職場と地域にとけ込んだ姿は、「復興の伴走者―被災地に寄り添い続けて―⑤」の見出しが付いた記事に描かれている。同紙の許可を得て全文を紹介しよう。

▽東海新報の記事

東日本大震災の復旧・復興事業により、被災自治体が抱える業務量が増大し、特に建設分野の技術職が求められた。一級建築士の髙橋博光さん＝北上市出身＝は、ＮＰＯ法人国境なき技師団から大船渡市に派遣され、今年で8年目となる。

高校卒業後、関東の総合建設会社で働き、大規模建築物やインフラ整備など多くの事業に携わった。古里に戻り、昭和50年代には高校の建築工事を担い、数カ月間にわたり大船渡で下宿生活を送ったこともある。

震災が発生した平成23年3月11日は、出張で東京に来ていた。北上に帰ろうと東京駅で新幹線に乗車した時に強い揺れを感じ〝帰宅難民〟となった。「関東大震災が来たのか」と思ったが、駅構内で見たテレビ映像では、東北沿岸が大津波にのまれていた。

無事に北上に戻った後は「自らの技術を被災地に生かせないか」と考えつつも、仕事に追われた。転機が訪れたのは、25年秋。20代で携わった横浜の百貨店建設で知り合い、技師団の一員として大船渡市に派遣されていた技師から電話があった。

「技術屋を探している。シニア世代でもいい」。本当は人脈を頼り、紹介を期待していたかもしれなかったが、かつて現場があった大船渡に縁も感じた。髙橋さんは「自分でもいいのか」と答えた。

すぐに派遣が決まり、最初の配属は都市整備部の住宅公園課。住宅再建に関する支援金の申請などを窓口で受け付け、書面をチェックする中で建築の知識を生かした。

◇

翌年、教育委員会の生涯学習課に移った。市内では赤崎小、赤崎中、越喜来小の各校舎が津波で全壊し、当時は高台での再建が本格化しつつあり、浸水を免れた学校では耐震化工事が急がれた。最初は、復興事業にかかわる〝被災地らしい〟担当を予想していた。

実際は、再建も耐震化も、生え抜きの市職員らが調整にあたった。その分、既存学校施設の維持・管理といった〝平時〟の人材が不足していた。

髙橋さんは、各小中学校の場所を覚え、情報のやり取りが多い副校長とのコミュニケーションを重視した。「すべてのヒントが現場にある」。不具合を聞けば、まず学校に出向いた。

限られた予算や行政独特の財政下で、業者との折衝も求められた中、不具合を改善するまでのスピード感を大切にした。トイレの洋式化や、防火シャッターの安全確保にも携わった。

役所ならではの仕事のリズムに戸惑いを感じることもあるが、そのたびに自らの「民間魂」を信じ、何ができるかを考える。震災の影響に伴う不具合が、数年間手をつけられていないものも見られた。学校現場からの情報以外でも、対応が必要と感じれば、自らかけ合い、事業化につなげた。

改修を終えれば、学校関係者から「ありがたかった」「おかげさまで」などと、感謝の言葉をかけられる。「何かあったら、また声をかけて」と返し、信頼を築いた。その繰り返しが、やりがいと充実感につながっている。

◇

被災3校の校舎再建はいずれも、29年春までに完了。長年の課題だった耐震化も、同時期にすべて終えた。学校の校庭に建設されていた仮設住宅がなくなった同年8月、市は

「学校教育施設環境復興宣言」を出した。

その後も、髙橋さんは市側から継続を打診され、業務を続ける。学校現場で生まれた信頼と技術は、収束期の今も欠かせない存在となっている。

同技師団は平成17年に発足し、国内外で地震や暴風、河川の氾らんなどによる自然災害で被害を受けた人々や地域を、土木や建築各技術者の立場から支援。気仙両市へのシニア派遣は25年から始まり、本年度までのべ23人に上る。

派遣継続によって交流が広がり、同技師団が支援する早大防災教育支援会はこれまで、震災を題材にした避難訓練の重要性を伝える防災絵本『よしはまおきらい物語』を作成。昨年度も、新たな本の作成を見据えて学生が大船渡入りし、災害を経験した住民らに聞き取りを行った。

政府が定める「復興・創生期間」は本年度までで、同技師団のシニア派遣事業も区切りを迎える可能性が高い。髙橋さん自身も、今は「総仕上げ」の意識でいる。

それでも、学校の課題に向き合い、解決のために足を運び、知恵をしぼる日々は変わらない。「大船渡市の皆さんにはよくしてもらっているし、単身赴任続きの中で家族には本当に感謝している。学校管理の仕事は、エンドレス。自分も生涯現役でいたい」。復興後の日常を支えながら、子どもたちの成長に期待を込める。

▽知らなかった

東海新報の記事は、大船渡市役所担当の佐藤壮記者（42）が執筆した。2020年6月5日発行の市広報誌で、沖縄県沖縄市や東京都板橋区などから派遣された職員らと共に、髙橋氏が紹介されていたのが取材を始めた理由だった。「『国境なき技師団』の名前だけは知っていました。ただ、活動内容は全く知りませんでした。広報誌に、髙橋さんの談話『今年11月で8年目を迎えます』が載っているのを見て、とても驚きました。なぜ、8年も大船渡に居るのだろう？　その理由を尋ねてみたいと思い、取材をお願いしました」と佐藤記者は話す。

大船渡市には震災直後から、交流のあった自治体から応援職員が続々駆け付けた。北海道から沖縄県まで約40の自治体が職員や医師、保健師らを派遣したからだ。他に国際NGOを

海　新　報　第18880号　令和2年(2020年)7月11日(土曜日)　日刊(月曜日休刊)

震災9年4カ月

復興の伴走者

―被災地に寄り添い続けて―⑤

東日本大震災の復旧・復興事業により、被災自治体が抱える業務量が増大し、特に建設分野の技術職が求められた。一級建築士の髙橋博光さん＝北上市出身＝は、NPO法人国境なき技師団から大船渡市に派遣され、今年で8年目となる。

高校卒業後、関東の総合建設会社で働き、大規模建築物やインフラ整備など多くの事業に携わった。古里に戻り、昭和50年代には高校の建築工事を担い、数カ月間にわたり大船渡で下宿生活を送ったこともある。

髙橋　博光さん（70）

＝国境なき技師団＝

震災が発生した平成23年3月11日は、出張で東京に来ていた。北上に帰ろうと東京駅で新幹線に乗車した時に強い揺れを感じ〝帰宅難民〟となった。「関東大震災が来たのか」と思ったが、駅構内で見たテレビ映像では、東北沿岸が大津波にのまれていた。

無事に北上に戻った後は「自らの技術を被災地に生かせないか」と考えつつも、仕事に追われた。転機が訪れたのは、25年秋。20代で携わった横浜の百貨店建設で知り合い、技師団の一員として大船渡市に派遣されていた技師から電話があった。

「技術屋を探している。シニア世代でもいい」。本当は人脈を頼り、紹介を期待していたかもしれなかったが、かつて現場があった大船渡に縁も感じた。髙橋さんは「自分でもいいのか」と答えた。

すぐに派遣が決まり、最初の配属は都市整備部の住宅公園課。住宅再建に関する支援金の申請などを窓口で受け付け、書面をチェックする中で建築の知識を生かした。

◇

翌年、教育委員会の生涯学習課に移った。市内では赤崎小、赤崎中、越喜来小の各校舎が津波で全壊し、当時は高台での再建が本格化しつつあり、浸水を免れた学校では耐震化工事が急がれた。最初は、復興事業にかかわる〝被災地らしい〟担当を予想していた。

実際は、再建も耐震化も、生え抜きの市職員らが調整にあたった。その分、既存学校施設の維持・管理といった〝平時〟の人材が不足していた。

髙橋さんは、各小中学校の場所を覚え、情報のやり取りが多い副校長とのコミュニケーションを重視した。「すべてのヒントが現場にある」。不具合を聞けば、まず学校に出向いた。

学校支える「民間魂」

大船渡市での業務7年に

限られた予算や行政独特の財政下で、業者との折衝も求められた中、不具合を改善するまでのスピード感を大切にした。トイレの洋式化や、防火シャッターの安全確保にも携わった。

役所ならではの仕事のリズムに戸惑いを感じることもあるが、そのたびに自らの「民間魂」を信じ、何ができるかを考える。震災の影響に伴う不具合が、数年間手をつけられていないものも見られた。学校現場からの情報以外でも、対応が必要と感じれば、自らかけ合い、事業化につなげた。

改修を終えれば、学校関係者から「ありがたかった」「おかげさまで」などと、感謝の言葉をかけられる。「何かあったら、また声をかけて」と返し、信頼を築いた。その繰り返しが、やりがいと充実感につながっている。

◇

被災3校の校舎再建はいずれも、29年春までに完了。長年の課題だった耐震化も、同時期にすべて終えた。学校の校庭に建設されていた仮設住宅がなくなった同年8月、市は「学校教育施設環境復興宣言」を出した。

その後も、髙橋さんは市側から継続を打診され、業務を続ける。学校現場で生まれた信頼と技術は、収束期の今も欠かせない存在となっている。

同技師団は平成17年に発足し、国内外で地震や暴風、河川の氾らんなどによる自然災害で被害を受けた人々や地域を、土木や建築各技術者の立場から支援。気仙両市へのシニア派遣は25年から始まり、本年度までのべ23人に上る。

派遣継続によって交流が広がり、同技師団が支援する早稲田大学防災教育支援会はこれまで、震災を題材にした避難訓練の重要性を伝える防災絵本『よしはまおきらい物語』を作成。昨年度も、新たな本の作成を見据えて学生が大船渡入りし、災害を経験した住民らに聞き取りを行った。

政府が定める「復興・創生期間」は本年度までで、同技師団のシニア派遣事業も区切りを迎える可能性が高い。髙橋さん自身も、今は「総仕上げ」の意識でいる。

それでも、学校の課題に向き合い、解決のために足を運び、知恵をしぼる日々は変わらない。「大船渡市の皆さんにはよくしてもらっているし、単身赴任続きの中で家族には本当に感謝している。学校管理の仕事は、エンドレス。自分も生涯現役でいたい」。復興後の日常を支えながら、子どもたちの成長に期待を込める。

（月1回掲載）

東海新報の2020年７月11日付紙面（同紙提供）

含むボランティアが集まった。ライフラインの復旧・復興を支える「国境なき技師団」のシニア技術者は、そうした要員のほんの一部にすぎなかった。

「市役所で取材していても、どなたが派遣の職員かは見分けがつきません。話してみて初めて、方言やお国なまりで分かるぐらいです。復興期の終盤に入り、派遣職員の数が減っても、それは変わりません。2020年6月の時点で、髙橋さんを含め11人の方が遠方から来て、大船渡のために力を貸してくれている。そして地域にとけ込んでいる。こうした関係を今後も続けていけるかどうかが、大船渡市の課題だと思います」。佐藤記者はそう解説する。

2013年4月から大船渡市で1年間、陸前高田市で3年間、「シニア技術者」として活動した萩野良允氏（76）。大船渡市土地利用課で「災害危険区域の指定」による住宅の建築制限や住宅再建支援制度の活用に携わった。陸前高田市都市計画課では津波復興拠点の整備と、かさ上げされた中心市街地の駐車場整備工事などの設計・施工管理を担当した。

「2012年10月、『国境なき技師団』が支援の話を進めていた岩手県大船渡市当局の担当課長に会うために大船渡市へ出張しました。市がシニア技術者に何を期待しているのか、私自身がどのような経験を持っているのか、について面談するためでした。神奈川県庁で30年余にわたり携わった土木行政、特に都市計画、街づくりの経験に注目してもらいました。これなら何とかお役に立てるかもしれないとその時、思いました」と萩野氏は話す。賄い付きマンションでの独り暮らしだったことから、メンタルヘルスの増進には気を使った。睡眠時間の確保をはじめ、適度な運動、朝食をしっかり取る、独りで考えない…。

土地勘がないため、業務で戸惑うことが少なくなかった。地名の読み方も分からなかった。「不安がありました。例えば越喜来はオキライ、綾里はリョウリと読みます。中でも全く見当がつかなかったのは、合足と書いてアッタリです。初めのころは、電話による問い合わせは、冷や汗ものでした。問い合わせの場所がどこなのか、地図で探し出すのがひと苦労でした」。気仙《けせん》地区で過ごした4年間を振り返る萩野氏は「私にチャンスを与えてくれた両市に感謝しています。今後も神奈川の地から、気仙の復興と再生を熱く見守っていくつもりです」と結んだ。

▽ヒヤッ

旧日本道路公団に勤めた竹嶋正勝氏（76）は、2012年10月から半年間、大船渡市建設課に派遣された。「国境なき技師団」が道路関係の技術者を求めているとの話を聞き、少しでもお役に立てればと応募した。1980年代に2年間の岩手県勤務を経験していたため、不安はなかった。

「配属先の土木係の業務は、復興交付金事業、道路、橋梁《きょうりょう》の新設・改良、公共土木施設災害復旧工事など多岐にわたりました。市職員4人と神奈川県相模原市などから派遣された3人で対応していました。復旧・復興で桁違いに増えた業務を抱え、国から補助を受けるための資料作成、地元協議、積算・工事発注・監督、工事変更や精算処理などで多忙を極めていました」と竹嶋氏は説明する。自身が扱った業務は15件に及び、避難迂回《うかい》路・道路改良の関連が9件と最も多かった。次いで切土のり面・擁壁の変状調査が4件、路面舗装状況調査や河川護岸調査があった。

ヒヤッとすることがあった。厳冬期に雪に埋もれた側溝に落ちて、住民に助けてもらった。路面凍結により、すべり止め用の砂をまいても、車の車輪が空回りし立ち往生した。幸いにも大事には至らなかった。その一方で胸を痛めた事件があった。

気仙地区と同じ三陸沿岸の岩手県大槌町で２０１３年１月、復興支援で派遣されていた兵庫県宝塚市の男性職員＝当時（45）＝が自殺したからだった。

「派遣員が現地生活を送る場合、心身共に健康であることが前提条件です。１人で派遣されるケースでは、特に精神的な問題を考える必要があります。派遣元の『国境なき技師団』では、派遣先とのコミュニケーションを密にし、ニーズを明確にしたうえで派遣が実施されてきました。このような手順を踏むことにより、派遣される人の精神的負担は軽減されると思います。同時に、シニア技術者の処遇や専門外の業務に対する技術サポート体制も求められると思います」。シニア技術者は「人生のベテランでタフである」とはいえ、被災地の復旧・復興の現場を独りで乗り切るにはあまりにも過酷だ。竹嶋氏の提言は、シニア技術者派遣事業の課題と未来を照らしている。

（年齢はいずれも２０２１年２月時点）

〈2〉大船渡市長との対談　シニア技術者派遣事業の展望

「国境なき技師団」会長　濱田政則

岩手県大船渡市は2012年度から、「国境なき技師団」が派遣する「シニア技術者」を積極的に受け入れてきた。市長の戸田公明氏と「国境なき技師団」会長の濱田政則氏がシニア技術者派遣事業について語った。

×　×　×

濱田　シニア技術者の派遣を大船渡市が受け入れてくれたことにより、「国境なき技師団」の活動の輪が確実に広がりました。とても感謝しています。私たちの英語名は Engineers without Borders' Japan です。Without Borders の意味は、わたしたちの活動は国境を取り払って、国の内外を含め、あらゆる境界を乗り越えて活動することです。

戸田　東日本大震災の後、大船渡市に派遣されたシニア技術者の皆さまにはほかのボランティアと同様、誰もが真剣勝負の気持ちで活動していただきました。２０１２年度から20年度まで、技師団の土木技師５人、建築技師13人を市は受け入れました。活動内容は技術者本人にとって、物足りなかった面があったかもしれません。ただ、市にとっては復旧・復興を支えてくれた貴重な人たちです。こちらこそ、いくら感謝しても感謝しきれません。

濱田　自然災害の軽減と被災地の復旧・復興に対し、技術者集団としていかに貢献できるか。東日本大震災における私たちの活動を自己検証するためにも、ボランティア活動の理想と現実を行政としてどう受け止めているか、聞かせてください。

戸田　大船渡市は一度に多数の復旧・復興事業を進めなくてはなりませんでした。ボランティアの方々は、市としては大変ありがたかった。おかげで、市の復興は終盤を迎えています。シニア技術者からは皆、熱意が伝わってきました。使命感を持ち、身に付けた技能を現場で生かしきる活動でした。市の業務が全体として極めて繁忙だったことから逆に、シニア技術者の皆さまへのサポートが十分ではなかったかもしれません。

濱田　「国境なき技師団」として、やれることは十分やったのかという視点で検証することにより、活動を発展させたいと考えています。

戸田　大規模災害時には、復旧・復興の局面に応じ、求められるマンパワーが刻々と変化します。技術者の需要はどの自治体でも一斉に高まり、それが長期にわたりました。東日本大震災の被災地が新たな技術者を確保するには、国や県の施策、フレームがありました。友好都市からの支援もありました。「国境なき技師団」をはじめとする諸団体からのサポートもありました。大船渡市が復興に取り組んでいる間に、国の内外で大きな災害が頻発し、国や県の施策による技術者の派遣は、大船渡市についても規模を縮小せざるを得なくなりました。新たな被災地へ技術者を振り向ける必要が生じたからです。そうした中、「国境なき技師団」からは、市が求める人材を派遣し続けていただきました。柔軟で十分な対応をしていただいたと受け止めています。

濱田　継続的にシニア技術者を派遣することが重要だと理解しています。継続性、持続性は被災地と「国境なき技師団」の信頼関係をはぐくみ、絆を深めてきたと考えています。大船渡市への派遣は、土木技術者が２０１２年に４人、翌13年に１人。14年以降はゼロ。建築技術者が12年２人、13年３人、14年２人、15年からは各年１人です。

戸田　大船渡市が必要とする分野の技術者は、「国境なき技師団」からおおむね派遣されたと考えています。９年間を振り返ると、「市が求めている技術者は建築技師○人、土木技師○人」というような大雑把な情報ではなく、業務の中身と特徴と分量を技師団側に伝え、それに合った人材を派遣してもらった方がよかったかもしれません。復旧時に必要な技術者、復興の前期と中期と後期のそれぞれに必要な技術者の確保について、事業の推移に合わせて技師団側と調整することがあってもよかったと思います。復旧時にはとにかく人手が足りませんでした。誰でもいい。来てくれるならどなたでもいい、という面がありました。復興時でも、それが継続していた部分があります。

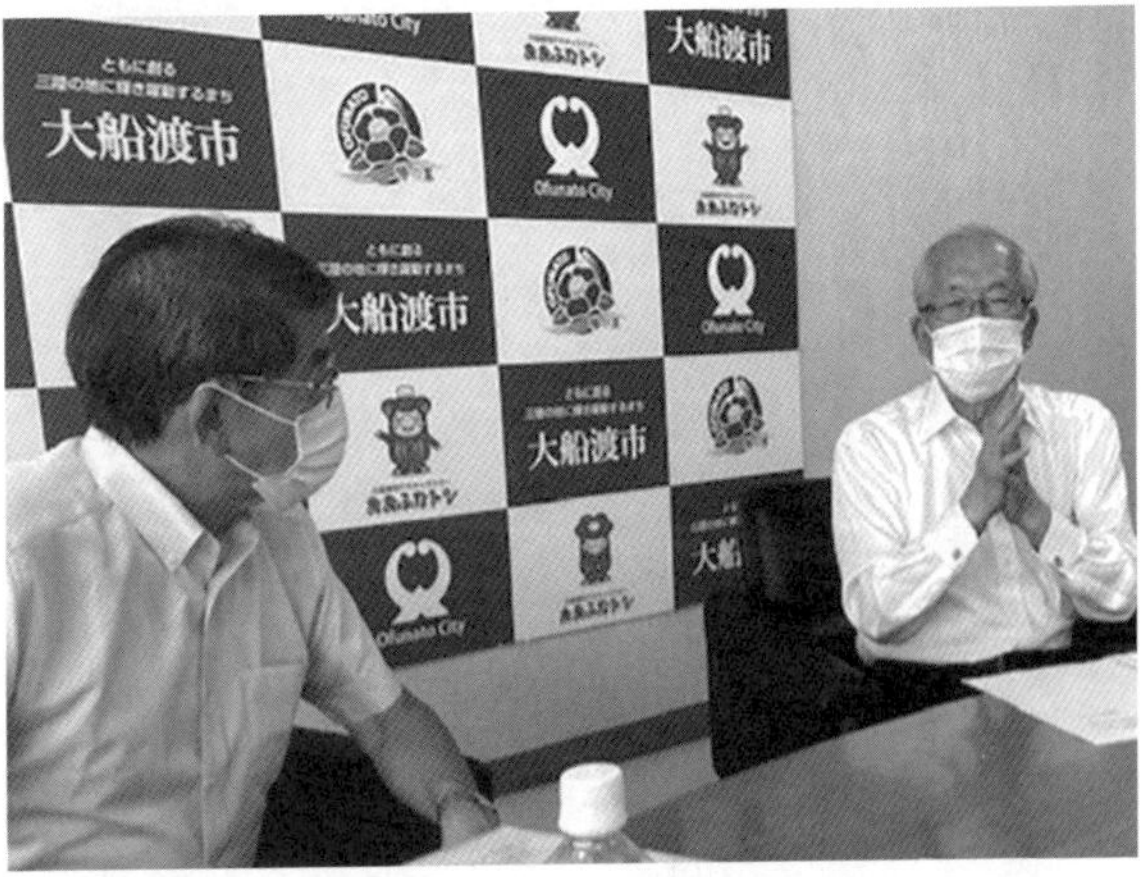

大船渡市役所で対談する戸田公明・大船渡市長（右）と濱田政則会長（2020年８月25日、早稲田大学出版部撮影）

濱田　シニア技術者を送り出す私たちも、誰でもいいというわけではありませんが、とにかく、資格を持つ技術者を現地へ派遣したかった。「国境なき技師団」に人材が豊富にプールされているわけではなく、いろいろなつてをたどり人材を確保してきたのが実態です。

戸田　全般的にミスマッチはなかったと思います。市の担当部における業務担当者は40代の係長です。派遣された技術者は60代の企業退職者の皆さまでした。行政の経験しかない係長と、民間で経験を積んだ技術者の間で、年齢のギャップがありました。業務に対する感覚の違いや、互いの気遣いもありました。ただ、これは仕方のないことです。復旧・復興という目標を分かち合えている以上、互いが慣れることにより、問題は解決すると思っています。行政における事業の業務期間は、年度単位です。２０１２年度派遣の土木技師については半年交代でした。このため年度単位のプロジェクトを担当してもらうのではなく、市職員では手の回らないような、比較的短期の調査業務に従事してもらいました。

濱田　シニア技術者は建設分野のプロです。企業に在籍していた人が少なくありません。

専門でない分野や未知の事業を任されてきた経験のある人たちです。大災害の被災地で自分が身に付けた技能を生かす機会がたとえ少なくても、創意と工夫により技能を生かして復興支援に役立ったのではないかと考えています。シニアが貴重なのは、そうした応用力もあるからです。プロの技術者であると同時に、人生のプロでもあるわけです。プロの力を逆に大船渡市が引き出してくれたと私はみています。

戸田　学校教育課に配属されたシニア技術者の一人、高橋博光氏は民間で培われた知識と経験を公務に生かしてくれた好例です。高橋氏には、小中学校の施設・設備の維持修繕業務を担当してもらいました。効率的かつ効果的で、迅速かつ丁寧な対応により、学校で高い評価を得ています。特にコスト意識、技術的な意見は注目されます。用務員の相談に親身に乗る一方で、用務員が自分自身で作業ができるよう指導していただきました。復興の終盤に当たり、市の若手技師と一緒に業務を担い、技能の移転に取り組んでいただいています。本人は当初、大規模復興事業への参加を期待していたはずです。これはミスマッチの一つかもしれません。ただ、ありがたいことに、本人は使命感を持ち、学校業務を誠実に担っていただいています。

濱田　ボランティアの「派遣と受け入れ」「需要と供給」の問題解決には、ボランティア団体と自治体との情報共有が重要です。そのことを私たちは学びました。

戸田　ボランティア団体へ自治体がニーズを伝える際、これからは具体的で詳細な業務の内容を伝えていきたい。例えば、業務名、概要、業務量、期間などをできる範囲で情報共有する。ボランティアの能力を存分に発揮してもらうためにも、自治体はそのことを準備しなければならないと思います。これはこの10年間で学んだことの一つで、今だから言えることです。

濱田　東京都だけで防災をテーマにしたＮＰＯ法人、ボランティア団体が数えきれないくらいあります。私たちと同様、大きくない組織が目立ち、それぞれが独自の活動をしています。阪神・淡路大震災が起きた１９９５年は「ボランティア元年」と呼ばれています。２０

11年の東日本大震災は「誰もがボランティアの年」と位置付けられるでしょう。それだけに、これらの団体が連携し、情報が共有できるネットワークづくりが必要だと思っています。

戸田　ネットワークが立ち上がり、自治体のニーズがそれぞれのボランティア団体間で共有されれば、ボランティアの派遣と受け入れのミスマッチは減るでしょう。

濱田　延べ18人を数えるシニア技術者に対する、大船渡市の生活支援はどうだったのでしょうか。苦労された面はありますか。

戸田　シニア技術者に対しては、大船渡市の手配で宿舎を提供しました。本人の希望により、食事付きの宿舎を一部、紹介しました。市側の苦労は特にありません。宿舎の提供に当たっては、自炊をしなければならない応急仮設住宅と民間アパート、食事付きの民間アパートのどちらがいいかを本人に確認しました。市内の公共交通機関の運行状況を踏まえると、自家用車がないと不便だったかもしれません。市は、シニア技術者の移動手段については特段の支援はしてきませんでした。

濱田　被災地におけるボランティアの活動が長期に及び、受け入れた自治体との信頼関係は深くなったと考えています。復興が進むにつれて、被災自治体が必要とするボランティアも変化すると思います。震災後10年を機に、どのようなボランティア活動が必要と考えますか。

戸田　復旧・復興時ではない平時における、技術者へのニーズに「国境なき技師団」が対応していただけるとありがたい。ニーズは今後とも一定量、存在します。大船渡市は、若手の技術者を正規職員に採用する必要があります。ところが、土木、建築、電気設備などの技術者を確保することは年々、厳しさを増しています。市の人的・財政的な資源が、人口減少と少子高齢化により縮小する中で、多様な人材を確保したい。経験と知識が豊富なシニアが行政の場で生き生きと活躍できる場をつくることは、社会にとって有益です。さらに時代の要請であると考えます。先ほどの高橋氏のケースのように、民間で得た経験が自治体の業務改善や人材育成に役立つことがおおいに考えられます。「国境なき技師団」の人材を平時には平時の、災害時には災害時の各自治体のニーズにそれぞれ合わせて派遣できる仕組みの構築が望まれると思います。

濱田　防災分野のＮＰＯ法人にとって、内外の被災地における活動が長期化すればするほど深刻になるのが、人材不足と財源不足の問題です。これはＮＰＯのほとんどが抱えている課題です。東日本大震災を機に、これらの問題を乗り越えていくために、大船渡市をはじめ自治体や他のＮＰＯと連携し、情報の共有化や支援活動の協力体制確立を進めていければと思います。

戸田　「国境なき技師団」が必要とするなら、私たちの復旧・復興の情報を可能な限り提供したいと思います。それはこれからも起きる自然災害の被災地支援に、きっと生かすことができる情報です。国際的なネットワークがある技師団のメンバーや外国人による被災地への視察については、率先して受け入れに協力したい。さらに、ボランティアを希望する市の退職職員がいれば、技師団へ紹介します。

濱田　震災後に大船渡市に関わった大学の関係者が、学生を含めてたくさんいます。「10年前、あの大船渡市でボランティアをしたことがあった」と振り返るだけで終わらせてはいけないと思います。彼ら彼女らに、被災地のこれからの発展のためのサポーターになってもらいたい。できれば「賛助市民」になってもらうという考えはどうでしょうか。今までの10年をこれからの10年に生かす道が、きっとそこにあるはずです。「国境なき技師団」の新たな役割がそこから見えてくると思っています。

戸田　大船渡市の人口は10年前、約4万1000人でした。大震災の影響を受け、現在は5000人減の約3万6000人です。復旧・復興のため4000億円が市に投じられ、かたちは整いました。市のこれからの10年は「持続可能な町づくり」が最大の課題です。人口減少と少子高齢化の大波に立ち向かわなければなりません。リカレント教育等を通じて、市民の生産性を上げたいと考えています。外から刺激を受け、新しい時代、新しい世界に歩み出す。そのためにボランティア団体、市外の人たちの協力が必要です。大船渡市を第二の故郷と考え、交流・移住先に考えていただければと願っています。

濱田　「国境なき技師団」は早稲田大学の教員と卒業生および現役の学生たちが活動の中心になっています。大船渡市民を対象とした「講座」や「講演会」などをできれば定期的に開けないか、検討したいと思います。大船渡市とのつながりをこれからも大切に保ち続けていきたいです。

（構成・編集　早稲田大学出版部）

【メモ】戸田公明氏は１９４９年生まれ。大船渡市出身。東北大学工学部建築学科を卒業後、清水建設に入社。米ハーバード大学へ社命留学し、同社の北京駐在員事務所長や香港営業所長を歴任した。２０１０年11月の大船渡市長選で初当選し、翌12月に市長就任。その３カ月後に東日本大震災に見舞われた。

対談の後、記念写真に収まる戸田公明・大船渡市長（右）と濱田政則会長（2020年 8 月25日、早稲田大学出版部撮影）

あとがきに代えて

「国境なき技師団」サポーター　鈴木乃里子

「国境なき技師団」の創設に深く関わった父（鈴木智治）が２０２０年５月４日、都内で息を引き取りました。病気療養中でした。覚悟はしていたとはいえ、74歳の父の死は私にとって、あまりにも早いお別れでした。

父は晩年の15年間、「国境なき技師団」と共にありました。これから先の15年間を考える時、父が心残りに思っていただろうことに気がつきました。それは、被災者の力になる若者たちの育成についてです。インドネシアで活動する早稲田大学や京都大学の学生たちから「トモジさん」と呼ばれ続けた父が、15年後の彼ら彼女らの成長をどんなに楽しみにしていたことか。それが果たせなかったことは心残りで、悔しかったに違いありません。

学生と「国境なき技師団」のメンバーに対する父の支援は50回を超えました。いずれもボランティア活動です。被災者を支援する人たちを父は支援してきました。

勤め先である飛島建設のインドネシア事務所駐在員だった父は、現地で活動する日本人を支援することに生きがいを感じていました。「インドネシアと日本の両国のためになりたい」という素朴な気持ちを、他の日本人と分かち合いたいと考えていました。「国境なき技師団」のインドネシア支部長を務める傍ら、オイスカカレッジ基金インドネシア駐在代表や「土木学会」インドネシア分会幹事長として活動しました。

父は見返りを求めませんでした。

被災者支援で最も大切なことは、人と人の絆であると理解していたからです。本人は被災者を支援する日本人との間で、絆を築くことに無我夢中でした。それを認めてくれる飛島建設に対しては、感謝の言葉しかありません。確かに、大きな自然災害が起きた直後の救援時や復旧・復興時には、相当な支援物資や支援金が必要です。ただ、それだけでは足りないのです。十分ではないのです。

被災者が再び人間として歩み始めるために必要なもの、人間らしさの回復に必要なものは何でしょうか。父は人と人との絆であると信じました。被災者同士の絆。被災者と支援者の絆。被災者を支援する人とそれを支援する人との絆です。

無口な父が求めていたのはそういったことだったのではないかと思います。

私はインドネシアの首都ジャカルタで父の専属秘書をしていました。人手が足りないため「国境なき技師団」の活動をサポートしてほしいと父から言われ、社会勉強を兼ねて通訳の手伝いをしました。

「国境なき技師団」の活動に携わり、私にも気づいたことがあります。

「防災先進国」といわれる日本が、防災の国際支援をするためには、まず、アジアの人々の暮らしと地域社会を知ることが重要です。被災者はその中で暮らし、生きているわけです。被災者にとって「本当に役立つこと」を支援者が探り当てられるかがカギを握ります。インドネシアは地震や津波だけではなく、洪水、干ばつといったさまざまな自然災害に見舞われています。防災教育と地域防災活動をインドネシア各地で継続的に実施することによって、次世代を担う若者たちへ教育効果をもたらすと考えられます。

必要なことは、被災者の目の高さでものを考え、支援することです。そのことに私も気づかされたのです。そうして初めて、日本の防災の知恵がアジアで生きるのではないでしょうか。

アジアの人々、特にインドネシアの人々は心が優しいです。はにかみ屋で勉強家です。まるで父と同じです。彼ら彼女らにとって「本当に役立つこと」を現地で耳を澄まして聴くしかありません。

インドネシアの小学生を対象に早稲田大学の学生が防災教育をした時のことです。子どもたちは日本から来た大学生のお兄さんやお姉さんを喜ばせようと、防災教育の内容について分かったふりをしていました。通訳をしていた私にはそれが理解できました。インドネシア人の優しさが「本当に役立つこと」の共通理解を妨げることもあるのです。一度きりの臨時授業で伝わるものもあるし、伝わらないものもあります。それを埋めるのが絆なのだと思います。

張り切って防災教育をする日本の学生たち。目をキラキラ輝かせて聞き入るインドネシアの被災した子どもたち。バンダアチェ市の小学校で父と見た授業風景を私は忘れることができません。

「国境なき技師団」の活動を私が手伝う中で、もう一つの絆を深めることができたように思います。父と、娘である私の絆です。すべての絆が切れたり薄まったりすることが決してないよう、心したいと思います。

２０２０年３月、「国境なき技師団」の濱田政則会長が父の入所するホスピスを見舞った時のことです。父はボランティア活動の動機について「ヒューマニズム」「人間性」であると言ったと濱田会長から聞きました。

父の言う「ヒューマニズム」は多弁ではありません。傷ついた人をいたわる。できればいつまでもいたわる。人として当たり前の道を歩むと言っているにすぎないのだと私は受け止めています。

父が見たかったはずの15年後の「国境なき技師団」の活動が楽しみです。

本書のあとがきを書く機会を与えてくださった濱田政則会長、秋山充良理事長をはじめ「国境なき技師団」の関係者の皆さまに心より感謝いたします。

（インドネシア共和国投資調整庁日本事務所スタッフ）

【執筆者（執筆順）】

小長井一男（こながい・かずお）……「国境なき技師団」元理事長。現在、理事。東京大学名誉教授。博士（工学）。1952年生まれ、静岡県出身。東京大学工学部土木工学科卒業。東京大学生産技術研究所の助教授と教授、横浜国立大学都市イノベーション研究院教授を歴任した。専門は地震工学。著書に『地盤と構造物の地震工学』（東京大学出版会）。

濱田政則（はまだ・まさのり）……「国境なき技師団」会長。前理事長。1943年生まれ、神奈川県出身。早稲田大学理工学部土木工学科卒業。東京大学大学院工学研究科修士課程修了。大成建設、東海大学教授を経て、早稲田大学理工学部社会環境工学科教授。専門は地震防災工学。現在、早稲田大学名誉教授。土木学会会長、日本地震工学会会長、地域安全学会会長、日本学術会議会員を歴任。著書に『液状化の脅威』（岩波書店）。

鈴木智治（すずき・ともじ）……元「国境なき技師団」インドネシア支部長（理事）。1946年生まれ。2020年５月逝去。元飛島建設インドネシア事務所所長。

三輪滋（みわ・しげる）……「国境なき技師団」委員。1957年生まれ、京都府出身。京都大学工学部交通土木工学科を卒業後、飛島建設に入社。執行役員・技術研究所長、執行役員（技術担当）を歴任。博士（工学）。専門は地盤地震工学。2020年４月から同社顧問。

清野純史（きよの・じゅんじ）……「国境なき技師団」理事。京都大学教授。1957年生まれ、埼玉県出身。京都大学大学院工学研究科修士課程修了。博士（工学）。専門は地震工学。山口大学工学部助教授、京都大学工学研究科准教授を経て2009年から現職。編著書に『巨大災害と人間の安全保障』（芙蓉書房出版）。

鈴木乃里子（すずき・のりこ）……「国境なき技師団」サポーター。1971年生まれ。鈴木智治氏の長女で、同技師団がインドネシアで実施した災害調査や防災教育でインドネシア語の通訳業務を担当。インドネシア共和国投資調整庁日本事務所スタッフ。

「国境なき技師団」事務局の連絡先
〒162-0045　東京都新宿区馬場下町３番地　第２飯村ビル3F
TEL/FAX：03-3209-5124
E-mail：info@ewb-japan.org
ホームページ：https://ewb-japan.org/

早稲田新書004

国境《こっきょう》なき技師団《ぎしだん》 スマトラ島《とう》から東北《とうほく》へ
—災害復興支援《さいがいふっこうしえん》の15年《ねん》—

2021年2月10日　　初版第1刷発行

著　者　濱田政則・小長井一男・清野純史・
　　　　鈴木智治・三輪滋・鈴木乃里子
発行者　須賀晃一
発行所　株式会社 早稲田大学出版部
　　　　〒169-0051　東京都新宿区西早稲田 1-9-12
　　　　電話 03-3203-1551
　　　　http://www.waseda-up.co.jp/
編集協力　秋山充良（早稲田大学教授,「国境なき技師団」理事長）
取材・構成・編集　谷俊宏（早稲田大学出版部）
装丁・印刷・製本　精文堂印刷株式会社

ISBN978-4-657-21002-9

早稲田新書の刊行にあたって

いつの時代も、わたしたちの周りには問題があふれています。一人一人が抱える問題から、家族や地域、国家、人類、世界が直面する問題まで、解決が求められています。それらの問題を正しく捉え解決策を示すためには、知の力が必要です。整然と分類された情報である知識。日々の実践から養われた知恵。これらを統合する能力と働きが知です。

早稲田大学の田中愛治総長（第十七代）は答のない問題に挑戦する「たくましい知性」と、多様な人々を理解し尊敬して協働できる「しなやかな感性」が必要であると強調しています。知はわたしたちの問題解決によりどころを与え、新しい価値を生み出す源泉です。日々直面する問題に圧倒されるわたしたちの固定観念や因習を打ち砕く力です。「早稲田新書」はそうした統合の知、問題解決のために組み替えられた応用の知を培う礎になりたいと希望します。それぞれの時代が直面する問題に一緒に取り組むために、知を分かち合いたいと思います。

早稲田で学ぶ人。早稲田で学んだ人。早稲田で学びたい人。早稲田で学びたかった人。早稲田とは関わりのなかった人。これらすべての人に早稲田大学が開かれているように、「早稲田新書」も開かれています。十九世紀の終わりから二十世紀半ばまで、通信教育の『早稲田講義録』が勉学を志す人に早稲田の知を届け、彼ら彼女らを知の世界に誘いました。「早稲田新書」はその理想を受け継ぎ、知の泉を四荒八極まで届けたいと思います。

早稲田大学の創立者である大隈重信は、学問の独立と学問の活用を大学の本旨とすると宣言しています。知の独立と知の活用が求められるゆえんです。知識と知恵をつなぎ、知性と感性を統合する知の先には、希望あふれる時代が広がっているはずです。

読者の皆様と共に知を活用し、希望の時代を追い求めたいと願っています。

２０２０年12月

須賀晃一